LE

COLLÉGE DES DROITS

DE

L'ANCIENNE UNIVERSITÉ DE CAEN.

ESSAI HISTORIQUE,

Par Jules CAUVET,

PROFESSEUR A LA FACULTÉ DE DROIT DE CAEN,
ANCIEN PRÉSIDENT DE LA SOCIÉTÉ DES ANTIQUAIRES DE NORMANDIE.

CAEN,

CHEZ A. HARDEL, IMPRIMEUR-LIBRAIRE,
RUE FROIDE, 2.

—

1858.

(C.)

LE COLLÉGE DES DROITS

DE

L'ANCIENNE UNIVERSITÉ DE CAEN.

Parmi les écoles de Droit de l'ancienne France, celle que l'Université de Caen posséda près de quatre siècles n'est pas, il faut le dire, une des plus célèbres, et ses destinées, bien qu'honorables, n'ont pas laissé, en dehors de la Normandie, des souvenirs éclatants. Le nombre des étudiants qui fréquentaient ses cours fut, il est vrai, considérable, principalement dans les temps qui précédèrent sa chute ; mais on ne vit jamais accourir vers elle ces multitudes de jeunes gens venus des pays lointains, que réunissaient, à la fin du moyen-âge, certaines *Universités de lois* du midi et du centre de la France. D'un autre côté, les professeurs de cette école n'ont jamais compté dans leurs rangs quelques-uns de ces génies vigoureux dont les ouvrages sont destinés à surnager sur le fleuve de l'oubli; tous les livres qu'ils ont composés ont cessé, à peu près entièrement, d'être lus de nos jours.

Au premier abord, on a lieu d'être surpris de l'obscurité comparative de l'école de Caen, lorsque l'on se rappelle que la province de Normandie fut, de bonne heure, une des plus florissantes de la France entière. Comment se fait-il que les Universités de Toulouse, d'Orléans, de Bourges, de Montpellier, de Valence, aient acquis plus de célébrité que la nôtre, relativement à l'enseignement du Droit?

Plusieurs causes expliquent ce résultat. D'abord, comme le déclare le vieil historien caennais, M. de Bras, dans son style naïf du XVIe. siècle, l'Université de Caen, à son origine, *a manqué de Mécénas, princes ou seigneurs qui l'aient favorisée, et y aient entretenu des docteurs fameux* (1).

_____

(1) Les *Recherches et antiquités de la ville de Caen*, Caen, 1588, p. 224. « Ainsi l'ont faict, continue le même auteur, puis quelque

Jusqu'à l'époque de Louis XIV, les savants de tout genre, et notamment les jurisconsultes célèbres, n'avaient pas cette existence calme et sédentaire qu'on voit mener, aujourd'hui, à la très-grande majorité d'entr'eux. Ils voyageaient sans cesse de contrée en contrée, se fixant, tantôt dans une école, tantôt dans une autre, selon les propositions qui leur étaient faites, et le retentissement qu'excitaient leurs leçons. Notre Université, qui, pendant les deux premiers siècles de son existence, semble avoir été, constamment, peu riche, ne pouvait, sans doute, offrir à ces doctes personnages des avantages assez grands pour les attirer dans nos murs.

Une autre considération, plus essentielle encore, vient donner la solution du problème que nous cherchons à résoudre. La théorie du Droit, pour être vraiment féconde, a besoin de puiser fréquemment, au foyer de la pratique, la lumière et la vie. Or, dans notre ancienne Normandie, le

temps et de ma mémoire, les sieurs Henry d'Albret et Marguerite de Navare, son espouse, lesquels d'une Université de Bourges, dont l'on ne faisoit que peu d'estime à ma jeunesse, y appelèrent et firent venir avec grands gaiges Messieurs Alciat, Duarin, Cujas. »

caractère entièrement germanique et féodal de la coutume qui régissait la province dut venir placer, de bonne heure, une barrière presque infranchissable entre l'École et le Palais. A Caen, et dans les Universités du reste de la France, le Droit français n'était enseigné en aucune façon avant l'année 1679; alors seulement les édits du roi Louis XIV consacrèrent à ce Droit une chaire nouvellement établie. Jusque-là, les leçons des docteurs portaient exclusivement sur le Droit canonique et sur les lois romaines; ces leçons, par suite, devaient assez rarement agiter, parmi nous, des problèmes juridiques d'une application usuelle. Pour les autres provinces de la France, il n'en était pas ainsi. Le Droit romain n'avait jamais cessé, dans le midi, d'être considéré comme la loi de la contrée. Les provinces du centre, il est vrai, avaient leur législation particulière et séparée. Mais les dispositions des lois romaines exercèrent, de bonne heure, sur ces coutumes locales, une influence sensible. C'est ce qui eut lieu notamment pour les coutumes de Paris et d'Orléans, les plus importantes de toutes.

Grâce à cet état de choses, l'activité d'intelligence des jurisconsultes normands, négligeant le Droit romain, se porta, de préférence, vers l'étude de notre législation provinciale, si originale et pourtant si peu connue hors de la Normandie. Aussi, tandis que les écoles de Caen ne présentent qu'un petit nombre de professeurs dont les noms aient échappé à l'oubli, la magistrature et le barreau comptèrent autrefois, sur les différents points de la Normandie, une foule d'écrivains célèbres. Terrien, Godefroy, Basnage, Berault, Pesnel, Flaust, Huart et beaucoup d'autres encore, ne laissèrent aucune portion des institutions coutumières de leur province, sans l'éclairer de commentaires savants, encore en renom de nos jours. Dans une époque où la vie provinciale était infiniment plus marquée qu'elle ne l'est actuellement, tous ces hommes distingués avaient, sans aucun doute, étudié la science du Droit dans la seule école existant en Normandie, dans le collége des Droits de Caen. Ainsi ses vieux docteurs, à défaut d'une célébrité qui leur soit personnelle, peuvent revendiquer celle de leurs disciples, compensation précieuse pour le professeur vraiment digne de ce nom, qui jouit, comme des siens propres, des succès de ses élèves.

Le fait que nous venons de signaler se rencontre également dans l'histoire juridique de l'Angleterre, dont les destinées, au moyen-âge, se trouvèrent si souvent mêlées à celles de la Normandie. Tous les jurisconsultes anglais fameux, les Bracton, les Fortescue, les Blackstone, les Selden, ont écrit uniquement sur le Droit pratiqué autour d'eux, d'après les usages nationaux de leur patrie. Cependant, les lois romaines n'ont pas cessé d'être enseignées à Oxford, depuis le milieu du XIIe. siècle, époque à laquelle les livres de Justinien furent apportés en Angleterre par Vacarius, jurisconsulte bolonais de l'école primitive (1).

(1) Savigny, *Histoire du Droit romain au moyen-âge*, t. IV, p. 92, traduction de Guénoux.

CHAPITRE Iᵉʳ.

C'est au célèbre Lanfranc, premier abbé de St.-Étienne de Caen et premier archevêque de Cantorbéry sous la domination normande, que les écoles de Droit de Caen sont fondées, dans notre opinion, à rapporter leur établissement primitif, bien qu'elles aient été constituées en Université trois siècles et demi plus tard. Partout, en effet, au moyen-âge, à Orléans aussi bien qu'à Caen, à Bologne comme à Toulouse, les décrets des Papes et des Rois, qui reconnurent officiellement les corporations enseignantes et leur conférèrent des priviléges, ne firent que consacrer un état de choses préexistant. L'Université de Paris, elle aussi, a toujours vénéré Charlemagne comme son fondateur. Ce puissant monarque, en effet, en organisant l'école épiscopale de Paris, attira, le premier, dans cette ville très-importante déjà, une réunion nombreuse d'étudiants. Il faut aller, pourtant, jusqu'à Philippe-Auguste, pour trouver des actes du pouvoir royal et de la puissance pontificale attribuant aux maîtres et aux écoliers parisiens les prérogatives d'un corps civilement existant.

Je ne m'appesantirai pas sur la vie du *bien-heureux* Lanfranc, dont les actions et les ouvrages ont été récemment l'objet, à des points de vue divers, des études de deux érudits justement renommés. L'un d'eux est le savant secrétaire de la Société des Antiquaires de Normandie (1) ; l'autre est M. Laferrière, inspecteur-général des facultés de Droit, qui consacre un assez long chapitre à Lanfranc, dans le quatrième volume de sa belle *Histoire du Droit français* (2).

Originaire de la ville de Pavie, dont l'importance était très-grande à l'époque où il vivait, Lanfranc, dans sa jeunesse, y professa le Droit avec éclat, en même temps qu'il déployait une éloquence admirable dans les luttes du barreau (3). Chassé de sa patrie, désolée par la guerre civile

---

(1) *Lanfranc*, par M. Charma. *Mémoires de la Société des Antiquaires de Normandie*, deuxième série, t. VII, p. 455.

(2) M. Laferrière, t. IV, p. 307.

(3) « Adolescens orator veteranos adversantes, in actionibus causarum, frequenter revicit, torrente facundiæ accurate dicendo in illa ætate. Sententias depromere sapuit, quas gratanter jurisperiti, aut judices vel prætores acceptabant. » Milo Crispinus, in *Vita Lanfranci*, cap. v. Opera Lanfranci ; édit. Dachery.

et étrangère, Lanfranc se réfugia dans notre contrée, vers l'an 1037. Là, poursuivant ses études premières, il s'attacha des disciples qu'il initiait à la science des lois, en même temps qu'il leur enseignait la dialectique. Son école s'ouvrit d'abord à Avranches, ville épiscopale dès-lors importante, grâce, sans doute, au charme extrême du site sur lequel elle est bâtie. Plus tard, en lui donnant probablement une physionomie plus cléricale, il continua le même enseignement à l'abbaye du Bec, dans laquelle il s'était retiré, après avoir embrassé la vie monastique. C'est au Bec que Lanfranc eut pour disciple le célèbre Yves, depuis évêque de Chartres, auteur d'une collection de Droit canonique, où se trouvent, pour la première fois en France, des citations des Pandectes de Justinien et des extraits de son Code. M. Laferrière conclut, avec vraisemblance, de cette remarque scientifique, que Lanfranc avait apporté avec lui d'Italie, dans notre province reculée, le volume des lois de Justinien, ou du moins une partie de ces lois, et qu'il en avait transmis des copies à ses meilleurs élèves.

Lorsque Lanfranc quitta l'abbaye du Bec, pour venir régir celle de St.-Étienne de Caen, fondée récemment par le duc Guillaume de Normandie, il fut nécessairement suivi dans notre ville par un grand nombre de disciples, jaloux de profiter de ses doctes leçons. Sans doute encore, il amena dans sa nouvelle demeure quelques-uns des religieux du Bec qu'il avait formés, pour enseigner sous sa direction. Aussi, malgré sa promotion à l'archevêché de Cantorbéry, en 1070, les études, inaugurées par lui dans le monastère de Caen, continuèrent de fleurir. Nous en trouvons la preuve dans les vers suivants, extraits d'un poème composé par un moine de St.-Pierre-sur-Dives à la gloire des abbés du Bec, un siècle environ après la mort de Lanfranc. Voici en quels termes l'auteur de ces vers caractérise l'impulsion puissante imprimée à l'abbaye de St.-Étienne par le savant archevêque qui l'avait dirigée, lors de sa naissance :

« Hoc (cœnobium) etenim sensu, quo mirus erat, sed et actu
Imbuit, ornavit, præstruxit, clarificavit,
Ordine, doctrina, concentu, philosophia ;
Qui licet haud multis inibi vigilaverit annis,
Quum raptus fuerit de cura cœnobiali,
Postque modum sedi provectus pontificali,
Ejus signa tamen doctrinæ haud prætercuntis
Sunt, et adhuc intus satis apparentia cunctis (1). »

Le moine Pierre, en parlant des sciences cultivées de son temps dans l'abbaye de St.-Etienne

(1) Petrus Divensis, *De gestis abbatum Beccensium*, ap. Martene, *Veter. script. Mon.*, t. VI, p. 98.

de Caen, ne cite pas expressément la Jurisprudence. Il nous paraît évident, néanmoins, qu'elle ne pouvait manquer de figurer dans l'ordre des études instituées par Lanfranc, à côté de la Dialectique et de la Théologie. Telle était, d'ailleurs, la coutume de l'époque. Le Droit, dans le catalogue des connaissances humaines, était réputé faire partie de la Dialectique. Il est probable, seulement, que le Droit canonique, dont on commençait alors à s'occuper avec ardeur, obtenait, dans cette école monastique, une plus grande place que le Droit civil. Ce dernier, toutefois, ne pouvait être négligé entièrement, car il avait une utilité incontestable pour ceux des religieux que leurs talents et leurs lumières devaient faire appeler plus tard aux dignités de l'Église. Au moyen-âge, on le sait, les évêques et les abbés, possesseurs de vastes domaines, prenaient rang parmi les hauts barons féodaux, et, sans cesse, ils se trouvaient mêlés au mouvement de la vie politique et civile.

On peut voir, dans les *Essais historiques sur la ville de Caen*, par l'abbé De La Rue (1), la liste très-longue des religieux de St.-Etienne, promus, durant les deux premiers siècles de la fondation de l'abbaye, aux siéges épiscopaux les

(1) Tome II, p. 70.

plus importants de l'Angleterre et de la Normandie. D'un autre côté, vers le commencement du XIIe. siècle, Thibault d'Etampes, savant célèbre de ce temps, après avoir d'abord enseigné à Oxford, vint se fixer à Caen. Il paraît avoir fondé dans notre ville une école libre, distincte de celle de l'abbaye de St.-Etienne. Robert Wace, chanoine de Bayeux, le célèbre auteur du *Roman de Rou*, appartenait à cette école, puisqu'il se qualifie, dans ses vers, de *clerc lisant à Caen* (1).

De très-bonne heure, le Droit canonique et civil fut cultivé dans ces antiques écoles caennaises. Il semble même qu'il constituait leur spécialité véritable. Grâce à ses vastes recherches, le savant abbé De La Rue a trouvé, dans les actes privés du XIVe. siècle, passés dans la ville de Caen, les noms de personnages assez nombreux qui prennent le titre de *docteurs et professeurs dans l'un et l'autre Droit* (2).

Quels étaient le caractère et la nature de l'enseignement du Droit donné, parmi nous, par ces vieux docteurs du XIVe. siècle? Ce point est important à fixer pour le but que nous nous proposons d'atteindre. En effet, nous le croyons du moins, la création de l'Université, au commen-

---

(1) De La Rue, *Essais historiques*, t. II, p. 126.
(2) Id., *Ibid.*

cement du siècle suivant, n'amena pas un change-
ment brusque et complet dans la méthode reçue
jusque-là pour l'étude de la Jurisprudence. Cette
étude, seulement, fut dorénavant consacrée et
agrandie par la collation solennelle de degrés
académiques, qui ne pouvait exister dans une
école libre.

Nul doute, à nos yeux, que l'enseignement
dont nous parlons ne fût purement individuel.
Des moines, des ecclésiastiques érudits, que la
communauté de leurs travaux scientifiques réunissait les uns à côté des autres, formaient déjà
une sorte de corporation enseignante, sans en
posséder les prérogatives. Mais ils ne partageaient
pas entre eux l'exposition des diverses branches
de la science du Droit, de manière à présenter,
par la réunion de leurs leçons, un corps complet
de doctrines. Chacun, au contraire, s'attachait
particulièrement des disciples qu'il formait à lui
seul. Dans ce but, il leur faisait copier les manuscrits qu'il possédait, en même temps qu'il développait devant eux, dans des explications orales,
les principes les plus importants que renfermaient
ces livres.

Le Droit canonique ne pouvait manquer de
jouer un très-grand rôle parmi les études de cette
école primitive. Dans un temps où les intérêts
les plus graves de la société et de la famille se

décidaient dans les tribunaux ecclésiastiques, où le clergé possédait, pour ainsi dire, le monopole de la science, elle devait être fréquentée, en grande partie, par des jeunes gens se destinant à l'Église. A côté des canons des Conciles et des décrétales des Papes, on étudiait aussi le Droit civil des Romains, si essentiel à connaître pour posséder à fond l'intelligence de la législation adoptée par l'Église catholique. Il est probable, enfin, qu'on ne négligeait pas les principes du Droit féodal, déjà réduit en corps de doctrine par les jurisconsultes italiens (1); mais je ne crois pas vraisemblable que l'on s'occupât, en même temps, des coutumes locales de Droit civil. Les coutumes, à cette époque, étaient encore dans leur âge d'imperfection et d'enfance. Variant souvent de village à village, confiées d'ailleurs à la mémoire incertaine des populations qu'elles régissaient, elles étaient dédaignées par les savants, qui opposaient à leur confusion l'ordre exact des collections du Droit canonique et des compilations de Justinien.

(1) Dès l'époque du XIVᵉ. siècle, le *Livre des fiefs d'Obertus de Orto* était transcrit communément à la suite du *Corpus juris* de Justinien (M. Laferrière, *Histoire du Droit français*, t. IV, p. 538).

CHAPITRE II.

FONDATION DES DEUX FACULTÉS DE DROIT, CANONIQUE ET
CIVIL, DE L'UNIVERSITÉ DE CAEN.

Au commencement du siècle suivant, en 1417,
assaillie par Henri V, roi d'Angleterre, la ville
de Caen subit un siége meurtrier et destructeur.
A la suite des malheurs de la guerre, les maîtres
et les disciples avaient abandonné ce théâtre habituel de leurs études sur la Jurisprudence. Mais
le monarque anglais vint remédier à cette dispersion, voulant raviver la seconde capitale de cette
belle province de Normandie qu'il considérait
comme son patrimoine légitime. Les historiens
contemporains, cités par l'abbé De La Rue (1),
nous apprennent qu'il fit venir d'Oxford des docteurs ès-lois, pour remplacer, à Caen, ceux qui
avaient quitté la contrée.

Cette mesure prise par Henri V peut être
regardée, à juste titre, comme le préliminaire
de l'établissement de notre Université. Neuf ans

(1) *Essais historiques*, t. II, p. 132.

seulement, en effet, après la fin prématurée de ce prince, Henri VI, son fils et son successeur, par des lettres-patentes, datées de Rouen, le 6 janvier 1431, fonda l'Université de Caen qui, comme celle d'Orléans, selon le titre primitif de son institution, devait se composer uniquement de deux Facultés, l'une de Droit canonique, et l'autre de Droit civil (1). Ce fut cinq ans plus tard, en 1436, que les trois Facultés de Théologie, de Médecine et des Arts furent ajoutées à celles de Droit.

Henri VI, dans la charte de fondation de l'Université de Caen, commence par déclarer qu'il importe à la prospérité des États que la science du Droit, fondement de la bonne administration de la justice, soit cultivée avec zèle par un nombre d'hommes considérable; puis, il signale l'absence d'écoles de Droit dans la Normandie et dans les autres provinces du Nord de la France; enfin, il expose combien la ville de Caen, par la fertilité de son territoire, et sa situation voisine de la mer, lui paraît propre à devenir le

(1) L'édit de Henri VI est rapporté en entier dans le *Recueil des Ordonnances des Rois de France*, par Bréquigny, t. XIII., p. 176. L'expression *Université*, remarquons-le en passant, ne signifiait pas autrefois, à proprement parler, *réunion de l'enseignement de toutes les sciences*, mais plutôt *corporation enseignante, conférant des degrés scientifiques valables en tous lieux*.

siége du grand établissement scientifique qu'il se
propose de créer. Du reste, bien qu'il parle
avec éloge de la multitude de monastères, de
colléges et d'églises dont la ville de Caen est
ornée : *villa quippe idonea, pacifica et secura,
notabilioribus monasteriis, collegiis, cœnobiis et
domibus mendicantium, aliisque devotis ecclesiis
decenter ornata,* il ne mentionne pas expressément, nous devons en convenir, la présence, à
Caen, de professeurs de Droit. Cependant, du
moins à notre estime, l'existence, antérieure à
l'Université, d'une École libre de Jurisprudence
ne saurait être douteuse, en présence des preuves
décisives apportées par l'abbé De La Rue. Elle ne
put manquer d'exercer une influence très-grande
sur le choix dont le monarque anglais, ou plutôt
son Conseil, jugèrent convenable d'honorer notre
ville.

Même après les édits du roi d'Angleterre, se
disant roi de France et duc de Normandie,
l'Université de Caen, et ses deux Facultés de
Droit en particulier, ne pouvaient s'installer définitivement sans l'accomplissement d'une formalité importante. Suivant les idées reçues alors, il
leur fallait l'approbation pontificale, pour que
les degrés académiques qu'elles allaient conférer fussent reconnus dans l'Europe entière.
De là, une bulle, du mois de juin de l'année

1437, donnée à Bologne par le pape Eugène IV,
sur la demande des trois États du duché de Normandie (1).

Le Pontife romain, par cet acte de sa juridiction
suprême, ratifiait l'érection de l'Université de
Caen, et nommait l'évêque de Bayeux et ses
successeurs chanceliers perpétuels de ce corps
enseignant. La dignité de chancelier, dans les
anciennes Universités, était d'une haute importance : elle l'emportait, à certains égards, sur
celle du Recteur lui-même. Ce sera donc l'évêque
de Bayeux, et, à son défaut, l'official de Caen,
son délégué habituel comme vice-chancelier, que
nous trouverons en possession permanente de conférer, parmi nous, le grade de licencié dans l'un
et l'autre Droit. Toutefois, d'après la bulle elle-
même, le chancelier ne pourra attribuer cette
dignité à quelqu'un, sans que celui qui va l'obtenir ait soutenu préalablement des épreuves
solennelles devant les docteurs assemblés. Voici
les paroles prononcées, jusqu'à la fin du dernier
siècle, par le chancelier, en pareille occurence ;
elles se lient manifestement à la capacité, que
possédaient d'abord les simples licenciés de
donner des leçons de Droit, concurremment avec
les docteurs : « Ego, auctoritate apostolica qua

(1) Dachery, *Spicilegium :* edit. nova. t. III, p. 762.

« fungor in hac parte, do tibi potestatem do-
« cendi, legendi, cathedram ascendendi et jus
« utrumque interpretandi, hic et ubique terra-
« rum, in nomine Patris et Filii et Spiritus
« Sancti. Amen. »

Henri VI, par de nouvelles lettres-patentes,
du 27 mai 1439, promulgua la bulle d'Eugène IV.
Il donna des statuts aux cinq Facultés nouvellement établies, et désigna, en même temps, les
baillis de Caen comme devant être conservateurs
royaux des priviléges de notre Université. Par
suite de cette désignation, les causes civiles et
criminelles, où figuraient des professeurs ou des
écoliers, durent être portées directement, quelle
que fût leur origine, au tribunal du bailli de
Caen. L'attribution de cette juridiction élevée
semblait un bienfait signalé pour les membres de
l'Université. En même temps qu'elle les faisait
participer à l'un des priviléges concédés à la noblesse (1), elle venait les soustraire à l'empire
des justices seigneuriales si souvent suspectes de
partialité. Ajoutons qu'elle garantissait les professeurs et les étudiants contre le danger d'être
entraînés à plaider dans un lieu éloigné de celui
qui était le théâtre de leurs travaux scientifiques.

Toutes les mesures préliminaires à l'établisse-

_____

(1) *Coutume de Normandie*, art. 2. En Normandie, la juridiction

ment de l'Université de Caen se trouvaient ainsi
terminées. Le Conseil du roi d'Angleterre, d'ailleurs, devait tenir singulièrement à son organisation définitive. Déjà, depuis le mois d'avril 1436,
Paris et son territoire étaient rentrés sous la domination du roi Charles VII. Il importait, par
suite, au Gouvernement anglais que les habitants.
de la Normandie trouvassent, dans l'intérieur de
la province, tous les moyens d'instruction qu'ils
pouvaient désirer.

Le 19 mars de l'année 1440, eut lieu, pour la
première fois, l'élection du Recteur, à laquelle
prirent part exclusivement, suivant des statuts
constamment observés depuis, cinq délégués choisis
par chacune des Facultés. Les maîtres seuls vo-
taient pour la désignation de ces délégués que l'on
appelait *Augures*. Les étudiants, en effet, parmi
nous, ne furent jamais admis à concourir aux
élections des Recteurs, comme cela s'était pratiqué
anciennement dans la plupart des autres Universités de la France et de l'Italie.

Nous possédons le procès-verbal de la première
élection rectorale et de celles qui suivirent, jusqu'à
la fin du XVI⁰. siècle, dans de beaux registres

ordinaire de première instance, pour les causes qui ne ressortissaient
pas des tribunaux seigneuriaux, était celle du *vicomte*, remplissant
parmi nous la mission dévolue aux *prévôts* dans la plupart des pays
de coutume, et aux *viguiers*, dans les pays de Droit écrit.

in-folio nommés *les Rectories*, qui ont échappé aux ravages du temps, et qui sont déposés maintenant aux archives du département du Calvados. On y voit qu'en 1440, à l'origine de l'Université, Thomas Basin, depuis évêque de Lisieux et archevêque de Césarée, était doyen de la Faculté de Droit canonique ; et Jean Lenfant, doyen de la Faculté de Droit civil. La première est désignée sous le nom de *Facultas decretorum*, et la seconde est appelée *Facultas legum*. Le Recteur, dans notre Université, changeant tous les six mois, Jean Lenfant, au mois d'octobre de la même année, fut promu au Rectorat, et remplaça Michel Trégore, licencié en théologie, venu d'Oxford, élevé plus tard à la dignité d'archevêque de Dublin (1).

(1) Bien que la coutume d'élire un Recteur tous les six mois se fût conservée, jusqu'en 1791, dans l'Université de Caen, un usage à peu près général, reçu depuis deux siècles, voulait que chaque Recteur fût élu trois fois de suite. En cas d'absence, ou d'empêchement du Recteur, ce dignitaire était remplacé, de plein droit, par le doyen de la Faculté de théologie. Fiers de cette délégation perpétuelle, les doyens de théologie, quand ils en remplissaient l'exercice, élevaient la prétention, plusieurs fois condamnée, de revêtir les *infules et ornements* attribués au Recteur.

CHAPITRE III.

ORGANISATION PRIMITIVE DES DEUX FACULTÉS DE DROIT.

En tête du registre des Rectories, figure le serment prêté par Jean Lenfant, au moment de son élévation au rectorat. Cette pièce nous a paru fort importante; nous la transcrivons en entier à la fin de ce travail (1). Le serment de Jean Lenfant, en effet, reproduit, en les abrégeant, les dispositions principales des statuts généraux de l'Université de Caen, donnés par Henri VI, en 1439. Ces statuts étant très-étendus, nous nous sommes contenté d'en extraire la partie relative aux deux Facultés de Droit, canonique et civil. On la trouvera à la suite du serment de Jean Lenfant (2). C'est dans les manuscrits de la Bibliothèque de la ville de Caen que nous avons découvert une copie des statuts de Henri VI. Cette copie fort peu soignée

(1) Pièces justificatives, n°. 1er.
(2) Ibid., n°. 2.

paraît remonter à la seconde moitié du XVIe.
siècle (1).

Disons quelque chose de la constitution générale de l'Université de Caen, à sa naissance, avant
d'arriver, avec plus de détails, à l'organisation
particulière des deux Facultés de Droit.

Les maîtres et les écoliers, dans la nouvelle
Université, comme dans toutes celles existant, à
la même époque, en France et en Italie, formaient
un corps privilégié affranchi des impôts exigés
des autres citoyens, et possédant une individualité bien tranchée, au milieu de cette société
du moyen-âge, si féconde en associations de
toute sorte. Mais, pour jouir des prérogatives
qui leur appartenaient, et dont le but final était
de les préserver de tout trouble extérieur, diverses conditions leur étaient imposées. La plupart d'entre elles se trouvent mentionnées dans
le serment de Jean Lenfant. Les maîtres sont
tenus de rendre au Recteur l'honneur et le respect ; ils doivent payer, chaque année, à l'Université une somme fixe, nommée *bursa capitalis*,

(1) Le *Matrologue de l'Université de Caen*, registre officiel de ses
actes, rédigé au commencement du XVIe. siècle, renferme nécessairement la transcription exacte de cette pièce et de beaucoup d'autres non
moins importantes. Ce manuscrit précieux, bien qu'il subsiste encore
aujourd'hui, s'est trouvé perdu pour le public, par suite de la dispersion des archives de l'Université, en 1793.

qu'ils prélèvent nécessairement sur les rétributions de leurs élèves. Ceux-ci, de leur côté,
sont obligés d'acquitter la même redevance, indépendamment des droits dus par eux pour les
certificats délivrés par le Recteur.

Cependant, l'intérêt des études et la bonne
police de l'État se réunissent pour exiger que le
titre d'étudiant ne puisse être revendiqué indistinctement par le premier venu. Le Recteur
doit veiller avec soin à repousser des rangs des
écoliers véritables ceux que leur âge trop avancé,
leurs mauvaises mœurs, leur paresse enfin ren-
draient indignes de cette qualité, souvent enviée
alors. Il n'admettra, par suite, à prêter serment
entre ses mains que les étudiants vraiment dignes
de ce nom, qui pourront établir, par l'attestation
d'un maître approuvé, qu'ils ont suivi, au moins
depuis quatre mois, les leçons données dans
l'Université. Après sa prestation de serment, l'écolier recevra du Recteur une *lettre testimoniale*, et
son nom sera inscrit sur le registre solennel des
Rectories, après celui des officiers de l'Université
créés dans le même semestre.

Ce n'est pas seulement sur la conduite et l'assiduité des écoliers que s'étend la surveillance du
Recteur. Il est appelé, en vertu de sa charge, à
prescrire toutes les mesures convenables pour le
bon ordre des études et l'avancement de la science ;

mais cette autorité, il ne doit l'exercer qu'après avoir consulté les doyens des Facultés diverses. Aussi, en prenant possession de sa dignité, il jure de se conformer à la décision de la majorité d'entr'eux. Les doyens eux-mêmes, élus chaque année par la Faculté dont ils dépendent, sont tenus de voter, dans les assemblées de l'Université, selon le vœu de la corporation qu'ils président. Chaque Faculté comprend, au même titre, au point de vue des délibérations intérieures, les docteurs et les licenciés. Quant aux bacheliers, ils sont tous classés indistinctement dans la Faculté des arts, appelée souvent, à cause de cela, à la fin du moyen-âge, du nom de *populosa Facultas* (1).

Les deux Facultés de Droit, canonique et civil, occupaient une place importante dans cet ensemble des corporations enseignantes formant l'Université de Caen. Tout atteste qu'à l'origine ces deux Facultés étaient séparées l'une de l'autre. Seulement, leur séparation ne dura que très-peu de temps, et, de bonne heure, la connexité des études aux-

---

(1) « In omnibus congregationibus Universitatis, poterunt et debebunt, quilibet soli in sua Facultate, concludere decani a majore voto assistentium in sua Facultate, quorum missione locum tenebunt.

• Et ne sit aliquis in distinguendis Facultatibus error aut confusio, omnes baccalarii, seu in theologia, vel jure canonico aut civili, vel medicina, si magistri fuerint in artibus, reputabuntur de artium Facultate....... » Statuts généraux de 1439.

quelles elles se livraient les fit réunir dans un collége unique.

Il nous paraît certain également qu'on ne rencontrait pas, au début de notre Université, de distinction entre les docteurs-régents, professeurs ordinaires, et les simples docteurs. Nous voyons, dans les statuts de 1439, tous les docteurs en Droit qualifiés du titre de *legentes ordinarii*. Cette qualité, avec les prérogatives qu'elle entraîne à sa suite, est même attribuée pareillement à un certain nombre de licenciés, désignés sans doute par les docteurs, avec l'approbation du Recteur. Ce sont ces *legentes ordinarii*, véritables professeurs titulaires de l'époque, qui délivrent aux étudiants les *lettres testimoniales*, ou certificats nécessaires pour parvenir aux degrés.

Le temps des études est très-long. Quatre ans entiers sont exigés pour le baccalauréat en Droit. Il semble que, pendant tout ce temps, l'élève doit rester placé sous la direction d'un maître unique qui lui fait parcourir en totalité le corps des lois de Justinien, s'il étudie en Droit civil. Ces lois sont divisées en cinq parties distinctes, et l'écolier doit affirmer, sous la foi du serment, qu'il en possède un exemplaire complet ; car on estime avec raison que les leçons des professeurs ne profiteraient que bien peu à celui-là qui ne pourrait vérifier, par lui-même, les textes originaux. En Droit

canonique, l'ordre des études est à peu près semblable ; cependant, il importe de remarquer que,
dès ce temps, le professeur, chargé d'expliquer
le Décret de Gratien, paraît ne pas être le même
que celui qui commente les Décrétales de Grégoire IX, le Sexte et les Clémentines.

Le bachelier, qui veut parvenir à la licence,
est tenu de consacrer quatre années nouvelles à
l'étude approfondie de la science du Droit. Mais,
pour mériter ce grade, il ne lui suffira plus d'études
solitaires, fussent-elles couronnées par des examens soutenus avec succès. Le candidat, sans
interruption, devra donner, dans le sein de l'Université, des leçons extraordinaires, dans lesquelles
il repassera successivement toutes les matières de
l'enseignement. A ce moyen, en acquérant pour
lui-même une instruction solide et variée, il tra-
vaillera également à celle de ses condisciples. Ici,
nous retrouvons, à Caen, l'existence d'une coutume
que le savant M. de Savigny nous atteste avoir été
suivie'anciennement à Bologne, et dans les autres
Universités de lois d'Italie (1). Il n'est pas besoin
de faire remarquer combien cette pratique devait
contribuer à produire, chez les jeunes légistes,
une vive émulation et une ardeur singulière pour
l'étude des lois.

(1) *Histoire du Droit romain au moyen-âge*, t. III, p. 175 (Traduction de Guenoux).

Nous avons remarqué, dans les statuts primitifs de 1439, l'absence d'épreuves particulières au doctorat. Ce grade scientifique suprême était alors, pour les licenciés admis à enseigner concurremment avec les docteurs, la récompense et comme l'apogée d'un professorat éclatant. Un statut manuscrit, postérieur, il est vrai, d'un demi-siècle à la fondation de notre Université (il est de 1498), décrit de la sorte la réception des docteurs en Droit :

« Quum autem voluerint ad gradum doctoratus licentiati pervenire, possunt supplicare pro doctoratu, dieque assignata et invitationibus factis, præparantur scholæ de sargiis et tapetis; præsentique rectore et dominis de Universitate cum aliis multis dominis, præsidet antiquior doctor, qui eosdem doctorandos sedentes retro scamnum in quo sedent doctores evocat ad insignia doctoratus accipienda, facitque orationem de laudibus scientiæ. Et hoc facto, quilibet doctor facit oratiunculam, invocando Beatissimam Mariam aut alium sanctum ad ejus devotionem ut eum adjuvet. Et quum hoc fecerint, surgunt a pedibus suis et ascendunt cathedram doctoralem cum doctore præsidente, et ibidem, secundum ordinem eorum, dat eis insignia doctoralia (1). » On le voit, l'en-

(1) Manuscrits de la Bibliothèque de la ville de Caen, fonds de l'ancienne Université.

semble des formalités d'une promotion de ce genre atteste qu'elle est la consécration d'un mérite déjà suffisamment reconnu. On n'y rencontre rien de semblable aux thèses et aux leçons solennelles que l'on exigera plus tard.

L'Université de Caen semble avoir été très-florissante, pendant les dix années qui s'écoulèrent entre sa constitution définitive et la chute de la domination anglaise en Normandie. M. De La Rue cite un grand nombre de ses membres parvenus, durant ce temps, à des dignités ecclésiastiques de l'ordre le plus élevé (1).

Parmi ceux-ci, toutefois, il convient de signaler Thomas Basin, premier doyen de la Faculté de Droit canonique. Cet ecclésiastique, dont un érudit d'un grand mérite a récemment raconté la vie agitée, fut assurément l'un des écrivains les plus distingués de la France du XVe. siècle (2). Élevé à la dignité d'évêque de Lisieux, après un professorat de sept années, Basin encourut, plus tard, la haine implacable de Louis XI, pour avoir trempé dans *la ligue du bien public*, et contribué à la restauration éphémère d'un duché de Normandie indépendant au profit du frère du monarque. Proscrit depuis ce temps et forcé de se

(1) *Essais historiques*, t. II, p. 137.
(2) *Thomas Basin, sa vie et ses écrits*, par M. Quicherat. Bibliothèque de l'École des Chartes, t. III, p. 313.

démettre de son évêché, il s'est vengé des persé-
cutions de son royal adversaire, en composant
une histoire latine de l'époque dans laquelle il a
vécu. Basin, dans cet ouvrage, flétrit avec indi-
gnation les vices de Louis XI ; il combat énergi-
quement les empiétements du pouvoir monarchique
sur les libertés ecclésiastiques et les institutions
provinciales. Un autre écrit du même prélat, demeuré manuscrit, qu'indique M. Quicherat, mérite aussi notre attention (1). C'est un plan de
réformation de l'organisation judiciaire et de la
procédure civile de la Normandie, telles qu'elles
existaient de son temps. Il est probable qu'en
étudiant ce traité, on y trouverait le germe des
innovations salutaires accomplies, en 1499, par
le roi Louis XII, qui supprima l'Échiquier tempo-
raire et féodal du duché de Normandie, pour le
remplacer par une Cour suprême de forme moderne (2).

Nous trouvons, dans le registre des Rectories,
qu'en 1440, dès les premiers moments de l'existence de l'Université de Caen, le nombre des

(1) *Libellus* editus a Thoma, episcopo Lexoviensi, *de optimo ordine
forenses lites audiendi et definiendi in ducatu Normanniæ* : editus anno
Domini 1455. Manuscrit de la Bibl. imp., 5970 A, fol. 67.

(2) Encore appelée de la vieille dénomination anglo-normande d'*Échiquier*, en 1499, lors de sa création, cette Cour reçut de François 1er.,
en 1514, son titre définitif de *Parlement de Normandie*.

élèves admis aux priviléges de la scholarité s'élève
à 307, pour les deux semestres de l'année. Le
catalogue des étudiants se bornant à donner leurs
noms, avec la mention de leur origine, sans indiquer la Faculté à laquelle ils appartiennent,
nous n'avons pu connaître, avec certitude, quels
étaient ceux d'entre eux qui se consacraient à
l'étude du Droit. Cependant, si l'on se rappelle
que les trois autres Facultés, de Théologie, de
Médecine et des Arts, étaient de création entièrement nouvelle, tandis que celles de Droit continuaient une école libre de Jurisprudence anciennement fréquentée, il est permis de conjecturer
qu'elles pouvaient revendiquer, pour elles seules,
au moins la moitié des écoliers de notre Université naissante.

En 1450, la restauration de l'autorité des rois
de France en Normandie n'eut pas, sur la destinée des écoles de Caen, l'influence favorable
qu'on eût été, ce semble, en droit d'en attendre.
Par des lettres-patentes, datées d'Écouché, le 31
juillet 1450, Charles VII, qui déclarait maintenir
l'Université de Caen, exempta de cette confirmation la Faculté de Droit civil, qui se trouva supprimée par suite pendant deux années.

En interdisant ainsi, parmi nous, l'étude du
Droit civil, Charles VII était mu peut-être par la
crainte que son enseignement ne propageât, dans

3

la Normandie redevenue française, des traditions juridiques apportées d'Angleterre. Peut-être aussi, plus probablement même, les conseillers du monarque avaient-ils cédé à l'influence de l'Université de Paris. Privée depuis l'année 1220, par les bulles des papes, du pouvoir d'enseigner le Droit romain dont on craignait, pour la théologie, le voisinage envahissant, l'Université de Paris, en effet, avait vu avec grand déplaisir s'établir à Caen cette faculté de Droit civil, dont elle déplorait l'absence dans son propre sein. Déjà, lors de l'érection de notre Université, en 1433, elle s'était opposée, mais en vain, à l'enregistrement de l'édit de Henri VI par le Parlement de Paris encore soumis, dans ce temps, à la domination anglaise (1).

Cependant, des considérations politiques d'une haute importance faisaient une loi, pour Charles VII, de s'attacher à ne pas mécontenter les provinces de son royaume arrachées récemment au pouvoir des Anglais. Les États de Normandie ayant protesté contre la mutilation regrettable que l'Université de Caen venait de subir, un édit royal, du 30 octobre 1452, daté de Pommereux en Forèz, vint la rétablir dans son premier lustre. en lui rendant la Faculté de Droit civil.

(1) Pasquier, *Recherches de la France*, liv. IX, ch. 27. *Universités de loix, et quand et comment le Droict civil des Romains se vint loger en France.*

L'ordonnance de Pommereux a toujours été regardée, en Normandie, comme une seconde création de l'Université de Caen, réparant pleinement ce que la première avait présenté d'irrégulier. Charles VII, en effet, dans cette ordonnance, évite de rappeler les édits de Henri VI qu'il considère comme non avenus. En confirmant notre Université, avec tous les droits et priviléges qui lui ont appartenu précédemment, il feint que son établissement est dû exclusivement aux bulles du pape Eugène IV, ainsi qu'au zèle pour la science des habitants de la Normandie (1).

Même après la mesure de réparation que nous venons d'énoncer, l'Université de Caen sortit appauvrie du danger qu'elle avait couru, par suite de l'expulsion du roi d'Angleterre, son véritable fondateur. Charles VII, en effet, avait dû rendre à des familles françaises, persécutées sous la domination étrangère, leurs biens confisqués et attribués à nos écoles. Il avait jugé convenable également de restituer à l'Université de Paris certains revenus qu'elle possédait anciennement en Normandie, et dont Henri VI avait disposé pour doter celle de Caen. De là, pour nos Facultés en général, et pour celles de Droit en particulier, une situation pécuniaire assez peu florissante, qui

(1) Bréquigny, *Ordonnances des rois de France*, t. XIV, p. 249.

semble avoir pesé sur elles pendant près d'un siècle et demi.

Dès les premiers moments de l'érection de l'Université de Caen, il avait fallu pourvoir d'un local public chacune des corporations dont elle se composait. Les deux Facultés de Droit, à ce qu'il paraît, reçurent d'abord, pour tenir leurs exercices, la moitié d'une maison appartenant au domaine et située dans la rue des Cordeliers; l'autre partie de cet édifice était affectée au siége de la vicomté royale. Mais, comme le bruit du peuple et des gens de loi qui fréquentaient la salle d'audience, appelée *la Cohue* dans le vieux langage normand, était une cause perpétuelle de trouble pour les leçons que donnaient les docteurs, des lettres de Henri VI, de l'année 1442, attribuèrent à l'Université la maison tout entière (1).

Cette modeste maison de la rue des Cordeliers resta, près de cinquante ans, le théâtre des travaux de nos Facultés de Droit. Il est probable, cependant, que déjà, dans les circonstances les plus solennelles, elles allaient passer leurs actes au couvent des Cordeliers qui, toujours depuis, prêta ses salles à l'Université de Caen, pour y tenir ses réunions générales (2). Mais, en 1476,

(1) *Les Origines de la ville de Caen*, par Daniel Huet, évêque d'Avranches, p. 264. Rouen, 1706.

(2) *Ibid.*, p. 267. Ce fut également dans le couvent des Cordeliers

Marie de Clèves, duchesse d'Orléans et mère du roi Louis XII, donna à l'Université un vaste emplacement, dont cette princesse était propriétaire, dans le territoire de la paroisse St.-Sauveur. C'est sur ce terrain que s'éleva, peu de temps après, le bâtiment des *grandes écoles*, où siégèrent, à partir de ce moment, les Facultés de Droit canonique et civil.

La disposition primitive du bâtiment des grandes écoles, bien qu'il ait été reconstruit en entier au commencement du siècle dernier, paraît avoir différé assez peu de celle qu'il présente maintenant. Il semble, en lisant la description qu'en fait M. De Bras, qu'un des vieux docteurs caennais du XVIe. siècle, revenant aujourd'hui à la lumière, ne se trouverait pas trop étonné, en considérant le palais de la Faculté de Droit actuelle.

« C'est, dit-il, un grand, magnifique et superbe bastiment qui contient, en longueur, l'espace de cent cinquante marches, et faict tout le costé d'une rue; car aussi en ce seul bastiment sont les escoles de théologie, Droits canon et civil, médecine et les arts, où se font les lectures publiques et actes de chaque Faculté. Et au mitan, est posée une belle et singulière librairie fournie d'une infinité de livres de toute science, de laquelle les

que siégea le Parlement de Normandie, à la fin du XVIe. siècle, lors de sa translation à Caen, par suite des troubles de la Ligue.

docteurs et le clavier d'icelle Université ont les
clefs, pour la clorre et ouvrir aux estudiants. Et
au haut de la vis d'icelle est posée une horloge
et cadran, afin que les docteurs, régenz et escoles
soyent bien réglez en leurs lectures (1). »

M. De Bras nous apprend plus loin que l'hor-
loger chargé de remonter cette horloge figurait au
nombre des officiers de l'Université, et jouissait
de l'exemption complète d'impôts accordée à ses
membres. De tout temps, en effet, dans les Universités anciennes de la France, les priviléges
concédés par nos rois aux professeurs et aux étudiants avaient été communiqués à un certain
nombre de fonctionnaires inférieurs, appelés *suppôts*, dont le ministère semblait indispensable au
bon ordre des études et à la dignité du Corps
enseignant. Mais ces prérogatives importantes furent souvent détournées de leur véritable but. De
là, des fraudes coupables qu'il fallut, plusieurs
fois, réprimer parmi nous, comme on l'avait fait
aussi dans les autres écoles.

Parmi ces fraudes, il en était une assez fré-

(1) Au temps de M. De Bras, notre école de Droit était environnée
de chaînes qui ont donné son nom à la rue qui la borde aujourd'hui :
« En un bout desquelles escoles sont affichez des poteaux de bois et
de grosses chaines de fer, tendues pour empescher que les charrettes
et harnois ne passent par la rue, et que le bruit ne nuise aux lectures
publiques qui se font ordinairement et autres actes solennels » (*Recherches et antiquitez de la ville de Caen*, p. 222).

quente pour que, dès l'origine de notre Université,
le roi Charles VII ait dû la prévoir, dans son édit
de 1452 : « Nolumus insuper suppositos, scho-
« lares et regentes, etiam veros, si eos, aut alios
« pro ipsis et eorum nomine, contingat vinum,
« ciceram aut alia quæcumque pocula, *publice*
« *seu minutim*, vendere, a solutione quarti dena-
« rii, aut alterius cujuscumque subsidii, eximi
« quovis modo ; quinimo ipsum plene et integra-
« liter, quacumque difficultate semota, persol-
« vant » (1). On le voit, par une faveur assurément
très-grande, les professeurs et les écoliers,
exemptés de payer les droits d'entrée et les impôts
de consommation, à raison des denrées achetées
par eux, jouissaient de la même dispense, quand
il s'agissait de vendre en gros, dans l'intérieur de
la ville, les produits de leurs champs. Mais il leur
était sévèrement défendu d'abuser de leur privilége, au point d'ouvrir des débits de boissons,
contrairement aux plus vulgaires convenances de
la profession savante qu'ils avaient embrassée.

Une autre espèce de fraude, plus ordinaire sans
doute, consistait, de la part des Universités, à
s'agréger, en qualité de suppôts et pour des né-

(1) Bréquigny, *Ordonnances des rois de France*, t. XIV, p. 249. —
*Documents inédits pour servir à l'histoire de l'ancienne Université de
Caen*, par M. A. Charma, *Mémoires de la Société des Antiquaires de
Normandie*, t. XXII, p. 264-265.

cessites chimériques, un nombre considérable de
bourgeois des villes où elles siégeaient. Nuisibles
au Trésor royal, les exemptions mensongères
d'impôts qu'allait produire une mesure de ce
genre, devaient surtout causer aux autres rede-
vables un préjudice sensible. Vers la fin du moyen-
âge, en effet, les contributions imposées aux
villes par le pouvoir central étaient presque toujours réparties solidairement entre les habitants.
Nous avons trouvé, dans une bibliothèque précieuse, que son propriétaire a bien voulu mettre à
notre disposition (1), une transaction manuscrite
passée, le 12 février 1507, *entre les gouverneurs,
pairs, jurés, bourgeois et manants de la ville de
Caen, d'une part; et les recteur, docteurs, mais-
tres, regents, écoliers et officiers de l'Université,
d'autre part,* à l'effet de déterminer le nombre des
suppôts que l'Université de Caen aura le droit
d'établir, et auxquels elle communiquera l'exemption des charges publiques, qui constitue pour ses
membres un droit si digne d'envie.

Nous n'entrerons pas dans l'énumération de ces
officiers, bien plus multipliés alors qu'ils ne le sont
aujourd'hui, et parmi lesquels figurent des papetiers, parcheminiers, relieurs et enlumineurs.
Contentons-nous de remarquer que, tandis que le

(1) M. Travers professeur honoraire à la Faculté des Lettres de Caen.

Facultés de Théologie et de Médecine n'ont droit,
chacune, qu'à un seul *bedeau* ou appariteur, les
Facultés de Droit en obtiennent quatre pour elles
deux. Cette prérogative, toute légère qu'elle peut
paraître, nous a semblé révéler l'importance relative qui s'attachait, dès ce temps, à notre école de
Droit, sans doute à raison du grand nombre de
ses élèves, et aussi de l'ancienneté de son existence (1).

(1) Un statut des deux Facultés de Droit, de l'année 1498, décrit
ainsi l'office des bedeaux : « Tenetur bedellus, cum virga, adducere
doctorem et legentem ordinarium e sua domo, et deferre ejus librum
et capucium, ac reducere eumdem doctorem cum libro, finita lectione
ordinaria. »

CHAPITRE IV.

ÉTAT DE L'ÉCOLE DE DROIT DE CAEN, DURANT LA PREMIÈRE
MOITIÉ DU XVIe. SIÈCLE.

Dans une époque voisine de la fondation de
l'Université, les deux Facultés de Droit canonique
et civil avaient été réunies en un collége unique,
présidé par le plus ancien des docteurs qui le composaient. En 1497, cette union fut consacrée par
un réglement intérieur établi par les docteurs en
Droit, et approuvé vraisemblablement par le Corps
universitaire. Ce réglement apporta, de plus, une
innovation capitale dans le régime de l'enseignement et les attributions conférées aux gradués.
En voici le texte, que nous empruntons à un manuscrit de la Bibliothèque de la ville de Caen :

« Quum, ab exordio creationis hujus Universitatis, unio collegii Facultatum juris utriusque a
majoribus nostris instituta et per nos juramento
firmata fuerit, totisque retroactis temporibus ratio-
nabiliter observata, tum propter juris utriusque

connexitatem , tum etiam propter majorem inter doctores pacem observandam, possitque hujusmodi unio irrevocabiliter custodiri ; item quia doctores jurium ordinarie regentes stipendia publica habent , paucaque a scholasticis percipiunt emolumenta ; ut scholares a gravaminibus supportentur præsentibus, et doctores ferventius , circa profectum scholarium, in suis lecturis et actibus scholasticis intendant , ac commodius honestiusque sustententur ; ex nonnulorum prælatorum et jurisperitorum concilio , unanimique consensu doctorum , statuitur et ordinatur : ut , quum numerus doctorum ad septenarium pervenerit numerum , de cætero , per novam aliorum promotionem , ad emolumenta percipienda , non augeatur; sed ubi prædictus numerus ullatenus minui contigerit, exspectans cujuscumque Facultatis , seu legum , seu decretorum , replens numerum , in locum deficientis, succedet , dum tamen altera Facultatum defectum doctorum non patiatur, quo casu sequens illum præferetur. »

La mesure importante que nous venons de transcrire se proposait , on le voit, deux buts bien distincts. D'abord , elle sanctionnait irrévocablement l'union déjà existante des deux Facultés de Droit. Il faut remarquer, toutefois. que cette union ne les confondit pas d'abord l'une avec l'autre , comme cela arriva plus tard. Chacune d'elles, en ce moment encore, conservait son individualité propre : aussi le réglement de 1497 prend-il soin d'ordonner que les promotions au doctorat devront toujours s'opérer alternativement pour l'un et pour l'autre Droit.

Le second effet du même statut fut de réduire à sept le nombre des docteurs, ayant qualité pour donner l'enseignement obligatoire dans les deux Facultés et pour conférer les degrés. Tant que ce nombre demeurerait complet, on devait s'abstenir de créer de nouveaux docteurs, ce grade alors, à Caen du moins, paraissant conférer à celui qui l'obtenait les attributions de professeur titulaire. Quant aux licenciés, ils continuaient de posséder le droit de professer extraordinairement. C'était même, en se distinguant dans cet enseignement auxiliaire, qu'ils devaient mériter leur promotion au doctorat.

Ces innovations, dans la constitution des écoles de Droit de Caen, parurent tellement capitales aux docteurs dont elles émanaient, qu'ils s'empressèrent d'en solliciter la confirmation de la part du pouvoir le plus élevé de l'époque, celui des Pontifes romains. Le pape Alexandre VI, alors régnant, ne fit aucune difficulté d'accéder à leur demande. Les manuscrits de la Bibliothèque de la ville de Caen contiennent la copie, très-peu correcte, d'une bulle des calendes d'avril de l'année 1498, promulguée à cet effet.

Jusqu'ici, nous le croyons, cette bulle est demeurée inédite. Outre la ratification des nouveaux statuts, elle accordait à notre école de Droit une faveur d'un autre genre. Des décisions pontificales antérieures, peu suivies, il est vrai, dans la pratique, défendaient aux ecclésiastiques, sous peine d'excommunication, de venir dans les Universités étudier le Droit civil ; à plus forte raison, d'en donner des leçons (1). Alexandre VI déclare dispenser, à perpétuité, l'Université de Caen de cette prohibition gênante, voulant que ses docteurs en Droit civil, engagés dans les Ordres sacrés, soient placés sur la même ligne que les docteurs en Droit canonique. Ils continueront, en conséquence, de jouir de toutes les prérogatives réservées à l'ordre ecclésiastique auquel ils appartiennent.

Garantis de la sorte par la bulle d'Alexandre VI, les docteurs du collége des Droits de Caen promulguèrent bientôt après un réglement nouveau relatif à la collation des degrés, afin de modifier les anciens statuts émanés de Henri VI. En vertu de ce réglement, le temps des études nécessaires pour parvenir à la licence, fixé d'abord à huit années, ne sera plus, désormais, que de cinq ans. On fera remise également aux candidats de ce long

(1) M. Laferrière, *Histoire du Droit français*, t. IV, p. 323; Savigny, *Histoire du Droit romain au moyen-âge*, t. III, p. 262.

professorat volontaire qu'on leur imposait primiti-
vement. Il suffira, pour en tenir lieu, qu'ils donnent avec succès trois leçons publiques, en présence
des docteurs. A la suite de ces leçons, ils devront
afficher des thèses, puis les soutenir contre leurs
condisciples. Ils passeront, enfin, un dernier
examen devant les sept docteurs réunis. Ces
épreuves terminées, le grade de licencié leur sera
définitivement conféré, avec une pompe inconnue
de nos jours. « Et tunc examinati supplicant pro
gradu licentiæ recipiendo. Et eis dies indicitur in
qua vice-cancellarius, in aula episcopali præpa-
rata scamnis et tapetis, in præsentia domini Rectoris et doctorum juris et aliorum dominorum de
Universitate et aliorum, facta tunc per eumdem
vice-cancellarium seu per unum de doctoribus
oratione de laudibus scientiæ jurium, eis confert
gradum licentiæ (1). »

Ainsi réduit à sept membres, il semble que le
collége des Droits de l'Université de Caen, appelé,
dans ce temps, à se recruter lui-même, eût dû
tenir à honneur de ne jamais souffrir de vides dans
son sein. Cependant, il n'en fut pas toujours de
la sorte. Trop souvent, en effet, dans les anciennes
Universités, on vit les professeurs de Droit, qui

(1) Manuscrits de la Bibliothèque de la ville de Caen; Pièces justificatives, n°. 3.

se partageaient les rétributions des élèves, chercher le plus possible à restreindre le nombre de
leurs collègues, et différer des promotions que le
bien des études et la dignité de leur corporation se
réunissaient pour exiger (1).

En 1521, M. De Bras nous l'apprend (2), un
véritable scandale, sous ce rapport, se produisait
à Caen. Le collége des Droits ne se composait plus
que de trois docteurs, tous avancés en âge, et
dont les leçons étaient faites par des licenciés,
devenus leurs suppléants. D'autres licenciés, sans
doute, secondaient ceux-ci dans l'enseignement
du Droit ; mais enfin, aucun d'entre eux n'avait
été agrégé au corps des professeurs, en obtenant
le grade de docteur nécessaire à cet effet. Notre
vieil historien, il est vrai, donne à entendre que
le désir, naturel aux licenciés enseignants, de
parvenir à cette dignité, se trouvait refroidi par la
perspective des droits considérables qu'ils auraient
dû payer, selon la coutume établie, aux membres
du Corps savant dans lequel ils allaient entrer.

Le Parlement de Rouen, quoi qu'il en fût,
ayant appris l'abus que nous venons de signaler,

(1) Il résulte de l'ouvrage de M. Bimbenet, que de fréquentes
discussions existèrent, à ce sujet, dans l'Université d'Orléans, entre
le Corps municipal et les docteurs en Droit (*Histoire de l'Université
de lois d'Orléans*, p. 251).

(2) *Les Recherches et Antiquitez de la ville de Caen*, p. 230.

envoya dans notre ville, au mois de juillet de cette
année, une Commission de trois membres, char-
gée spécialement d'y porter remède. Le président
Jean Bordel se trouvait placé à la tête de cette
Commission, qui comprenait également le procureur général, Robert de Villy. Les Parlements,
autrefois, grâce à l'autorité administrative supérieure dont ils étaient investis, exerçaient, sur
les Universités, un droit de haute tutelle qui leur
permettait de réformer ces corporations enseignantes, lorsque la nécessité s'en faisait sentir.

Le premier soin de la Commission du Parlement fut d'enjoindre aux licenciés dans l'un et
l'autre Droit, qui faisaient profession d'enseigner,
de donner leurs leçons en sa présence. Satisfaite
de leur capacité, elle conféra gratuitement le
doctorat à cinq d'entre eux qu'elle introduisit ainsi
dans le collége des Droits, en les chargeant,
selon l'expression de M. De Bras, *d'ayder et supporter les viels docteurs*. Enfin, avant de quitter
la ville de Caen, le président Bordel, voulant
tracer lui-même aux nouveaux professeurs la voie
qu'ils devaient suivre, fit une leçon solennelle,
en *robe rouge*, à laquelle assistèrent, avec tous
les membres de l'Université, les *Officiers et gens
du Roy tenant le bailliage et la vicomté*.

La sollicitude des commissaires du Parlement
pour le bon ordre de nos écoles survécut, du

reste, au séjour qu'ils avaient fait dans nos murs. De retour à Rouen, ils firent décréter, par la Compagnie souveraine à laquelle ils appartenaient, une modification aux statuts du collége des Droits de Caen, destinée à rendre l'enseignement de la Jurisprudence plus méthodique et plus régulier qu'il ne l'avait été jusque-là. Nous donnons, à la suite de notre ouvrage, l'arrêt en langue latine promulgué à cet effet (1) ; en voici l'analyse rapide :

Entrant, pour une certaine mesure, dans les idées qui dominent le Corps savant placé sous son empire, le Parlement réduit à six le nombre des docteurs-régents. Parmi ces six professeurs, quatre interpréteront le Droit civil, et deux seulement composeront la Faculté de Droit canonique. Dans chacune des Facultés, le plus ancien des docteurs est investi d'attributions particulières. Au lieu d'expliquer simplement les textes, comme le feront ses collègues, il devra interpréter les *Commentaires* de Barthole, pour le Droit civil ; et, pour le Droit canonique, le grand *Apparatus* de *Panormitanus* sur le Décret de Gratien et les Décrétales de Grégoire IX (2). Grâce à cette cir-

(1) Pièces justificatives, n°. 4.

(2) La Bibliothèque de Caen possède un exemplaire de cet ouvrage imprimé au commencement du XVIIe siècle : *Abbatis Panormitani commentaria, concilia et Juris responsa*. Venetiis, 1617, 8 vol. in-folio.

4

constance, l'un et l'autre de ces professeurs ne fera qu'une leçon par jour. Les autres, au contraire, sans exception, en devront donner deux : la première, le matin ; et la seconde, dans l'après-midi.

Cet enseignement, si laborieux, n'aura que de courtes vacances durant du 7 septembre au 10 octobre. Tous les ans, de plus, à la rentrée des classes, chaque professeur sera tenu d'ouvrir son cours par un genre d'exercice inconnu aujourd'hui, et qui semble peu compatible avec la dignité du professorat. En présence de ses collègues réunis, il lui faudra soutenir une thèse véritable, concernant les principes les plus importants qu'il se propose de développer dans ses leçons. Pour cela, il rédigera, à l'avance, un certain nombre de propositions juridiques qu'il aura soin de faire afficher, pendant huit jours, à la porte des écoles. Le moment du soutien arrivé, tous les bacheliers et licenciés, indistinctement, auront la faculté d'argumenter contre le professeur, et de démontrer, s'ils le peuvent, la fausseté de ses idées.

Une autre particularité remarquable de l'arrêt de réglement de 1521, c'est le rôle exceptionnel qu'il assigne au docteur, appelé *Instituaire*, chargé d'expliquer les Institutes de l'empereur Justinien. Ce cours, paraissant apparemment le plus facile de tous, sera toujours attribué à celui des six professeurs le plus récemment admis, et ce professeur touchera des émoluments de beaucoup inférieurs à ceux perçus par ses collègues. Ajoutons, pour terminer le résumé du document que nous analysons, qu'il conserva le délai des cinq années d'études requises alors, à Caen, pour l'obtention du grade de licencié en Droit. Il maintint également les épreuves de diverse nature exigées dans le même but ; mais il imposa, pour la première fois, aux licenciés qui aspiraient au doctorat le soutien d'une thèse (*repetitio solemnis*), sans abolir, pour cela, en ce qui les concernait, la nécessité d'un enseignement auxiliaire donné avec succès.

Selon M. De Bras, après la réformation que nous venons de décrire, l'Université de Caen fut rendue si fameuse que *les lecteurs et escoliers y affluaient de toutes nations*. Nous soupçonnons, il faut l'avouer, quelque exagération dans cette assertion. Jamais nous n'avons trouvé, dans les fastes de notre ville, les étudiants en Droit formés en *nations* distinctes ayant leurs officiers et leurs statuts à part, comme cela se pratiquait, à l'époque de leur splendeur, en Italie, dans les Universités de lois de Bologne et de Padoue ; en France, dans celles d'Orléans et de Bourges. Nulle part, non plus, nous n'avons rencontré la trace de conflits éclatants survenus entre les écoliers et les bourgeois de Caen, résultat naturel de la présence, dans nos murs, d'une jeunesse turbulente et nombreuse, adonnée à des mœurs étrangères.

Cependant, même avec cette restriction, le nombre des Juristes ne pouvait manquer d'être considérable dans l'Université de Caen, pour la période où nous sommes arrivés. Le témoignage de M. De Bras, dont la bonne foi est si complète, ne saurait être laissé de côté ; de plus, les registres des *Rectories* nous attestent qu'au moins trois cents jeunes gens nouveaux, chaque année, venaient prêter serment, comme écoliers, entre les mains du Recteur. Assurément, les deux Facultés de Droit ne pouvaient manquer de prélever. dans leurs rangs, un contingent nombreux. Dès le XVI°. siècle, en effet, les grades de bachelier et de licencié en Droit semblaient former le complément d'une éducation libérale, pour ceux qui ne se destinaient pas à la carrière des armes. Ils étaient recherchés, notamment, à cette époque, par les jeunes ecclésiastiques, auxquels ils fournissaient un titre puissant, à l'effet d'obtenir des bénéfices avantageux.

Les Commissaires du Parlement, en installant, en 1521, les nouveaux professeurs qu'ils venaient de nommer, eurent soin de leur attribuer des *gages et émoluments honnêtes dont ils se contentèrent.* Mais les termes mêmes qu'emploie l'histo-

rien qui nous fournit ce récit, semblent attester
que les appointements dont il parle n'étaient pas
très-élevés. Aussi, peu d'années après, trois des
docteurs nouveaux, devenus conseillers au Parlement de Normandie, avaient-ils quitté notre
école, pour aller siéger sur les fleurs de lis.

Continuellement, dans ce temps, on voyait les
Facultés de Droit fournir aux Cours souveraines
des magistrats de mérite. Le docte Cujas, à un
certain moment de sa carrière, fut nommé conseiller au Parlement de Grenoble par le roi
Charles IX. Un grand nombre d'anciens docteurs-
régents d'Orléans figurèrent, à la même époque,
parmi les conseillers et les présidents du Parlement de Paris.

Les honneurs de l'Église venaient aussi fréquemment récompenser, alors, les professeurs de
Droit canonique qu'avaient fait remarquer leur
science et leurs talents. Huet nous apprend qu'il
convient de compter, au nombre des docteurs qui
professèrent cette science dans l'Université de
Caen, les deux frères Robert et Nicolas de Pellevé.
Le premier, après être arrivé parmi nous à la
dignité de recteur, fut évêque de Pamiers ; le
second devint cardinal, archevêque de Reims,
enfin président des États-Généraux convoqués par
la Ligue, en 1593. Ils étaient de noble naissance.
Mais, dit le célèbre évêque d'Avranches : « L'his-

« toire de ce temps-là nous montre que les jeunes
« gens de qualité, studieux et savants, ne dédai-
« gnaient pas les fonctions de l'enseignement, et
« se faisaient un titre d'honneur de se produire
« dans les chaires des Universités, et d'y répandre
« la science qu'ils y avaient recueillie (1). »

Parmi les professeurs de notre école de Droit au
XVIe. siècle, plusieurs composèrent des ouvrages,
dont il existe encore des exemplaires assez nombreux. Tels furent : Pierre de L'Esnauderie, qui
fit paraître, en 1516, un livre intitulé : *Opusculum
de doctoribus*, traitant des prérogatives appartenant à la profession qu'il avait embrassée; Jean de
Drozay, auteur d'une méthode générale pour
l'étude du Droit, *Juris universi Justinianea me-
thodus*, Paris, 1545. Plus tard, Claude Dubuisson
publiait des *Partitions du Droit*, tandis que Pierre
et Anne Dubuisson, ses fils, mettaient au jour, de
leur côté, des *Définitions* et des *lieux communs
du Droit*, *que le public*, au dire de Huet, *reçut
agréablement*. Tous ces ouvrages sont oubliés
depuis long-temps; mais il en est un, composé à
la même époque, par un de nos vieux docteurs,
encore consulté aujourd'hui par ceux qui veulent
connaître à fond la législation particulière à notre
province. C'est le *Commentaire* latin, malheureu-

(1) *Origines de Caen*, p. 350.

sement inachevé, du *Grand coutumier de Normandie*, par Tanneguy Sorin, imprimé à Caen, en
1568. Dans ce livre, dédié à Catherine de Médicis,
l'auteur, entraîné par ses souvenirs de professeur
de Droit romain, soutient ce paradoxe évident :
que les lois normandes ne s'écartent que peu des
dispositions du Digeste et du Code de Justinien (1).

Après avoir recueilli tous les renseignements
que nous fournissent les historiens de notre ville,
sur les premiers professeurs de son collége des
Droits, tournons-nous vers les écoliers, et deman-
dons-nous quelles étaient dans ce temps leurs coutumes particulières les plus remarquables. Nous
aurons, pour nous servir de guide, les naïfs récits
de M. De Bras. Ancien étudiant en Droit dans
notre Université, il aimait, dans sa vieillesse, à
revenir aux souvenirs de son adolescence, et à
décrire les exercices auxquels il avait participé
à cette époque de sa vie.

Tandis que déjà les professeurs portaient la
robe d'écarlate, insigne d'honneur qui leur était
commun avec les Cours souveraines, les écoliers
avaient aussi leur costume propre, dans lequel

---

(1) Sorin, comme le remarque M. Laferrière (t. V, p. 625), applique
sa théorie même *à la clameur de Haro*. Dans ce mode expéditif de
procéder en justice, que les Normands avaient emprunté au souvenir
de leur premier duc, il voit un vestige manifeste de l'antique *manus
injectio* de la loi des XII Tables.

figurait la *zône* ou ceinture, destinée, peut-être, à supporter une écritoire, comme cela se pratique encore dans certains pays de l'Orient. Réputés membres du Corps universitaire, ils accompagnaient leurs maîtres dans les fêtes publiques et autres occasions de ce genre. A l'entrée du roi François Ier. à Caen, en 1532, nous voyons *un grand nombre d'escoliers, en accoustrements scholastiques, suivant, en bel ordre, le Recteur et les Docteurs des cinq Facultés vestus eux-mêmes de leurs chapes doctorales et magistrales, et précédez de douze bedeaux portant verge et masse d'argent* (1).

Indépendamment de ces réunions officielles, naturellement assez rares, l'usage autorisait les écoliers à célébrer, à certains jours, de joyeuses manifestations qui devenaient pour la cité entière un spectacle plein d'allégresse. C'est ainsi qu'aux fêtes de sainte Catherine et de saint Nicolas, *aucuns régenz et escoliers jouoient, aux carrefours de la ville, des farces et moralitez, dedans des charrettes et sur des chevaux. Le jour des Roys, se faisoient des monstres des jeunes enfants des meil-*

(1) De Bras, *Les Recherches et antiquitez de la ville de Caen*, p. 238. Le même récit place, en outre, auprès du Recteur, un bedeau particulier à ce dignitaire, *et deux jeunes enfants vestus de : .n des couleurs de l'Université, rouge et bleu, portant haut eslevez deux chapeaux de triomphe, aux armes d'icelle.*

leures maisons, lesquels accompagnoient l'un d'eux
qui avoit été roy de la febve, et alloient oyr la
messe, les uns à St.-Pierre, autres à St.-Jean,
la Maison-Dieu et le Sépulcre, étant bien montez
et accoustrez bravement, suivis d'une infinité de
peuple ; et chascun de ces Roys, pour sa plus
grande offrande, portoit la febve trouvée au gas-
teau qui l'avoit élevé en telle dignité (1).

La promotion des étudiants à la licence ès-lois
devenait également, pour le récipiendaire, l'occasion d'une ovation solennelle et publique. Voici
la description, que fait notre vieil auteur, du
cortége triomphal accompagnant les nouveaux licenciés, au moment où ils allaient recevoir, du
Chancelier de l'Université, les insignes de leur
grade : « Après qu'ils avoient fait leurs répétitions
« et lectures, étoient conduits par les instru-
« ments, tambourins, rebecs et flustes d'Allemant,
« des escoles en la cour de l'Église, ayant des
« chapeaux de fleurs sur leurs bonnets, pour ce
« qu'ils se faisoient communément au mois de
« may. Et au dit lieu, le sieur Vice-Chancelier
« leur conféroit le degré. Et après, l'on donnoit
« des dragées aux supposts, officiers et gens
« notables, lesquels y assistoient, comme l'on
« feroit à une fiançaille. »

(1) De Bras, *Recherches et antiquitez de la ville de Caen*, p. 227.

Cependant, tout n'était pas fini encore, et la journée se terminait par *de somptueux banquets, qui se faisoient aux collèges, les escoles et salles tapissées et ornées.* Ces festins pourtant, toujours aux frais des récipiendaires, causaient, sans doute, à ceux-ci des dépenses trop fortes. De bonne heure, il furent supprimés parmi nous (1). Leur interdiction semble avoir laissé des regrets très-vifs chez quelques-uns des docteurs de l'Université, attachés plus particulièrement aux anciens usages. L'un d'entre eux s'exprime de la sorte, dans une note manuscrite ajoutée aux anciens statuts des Facultés de Droit : « Et consuetum « erat, retroactis temporibus, facere solemne « prandium in dictis licentiis et invitationes so- « lemnes ; quod quidem prandium amotum fuit « in anno Domini millesimo quingentesimo unde- « cimo usque ad sex annos sequentes. Sed hoc « perpetuatur nunc, et cessaverunt in totum hu- « jusmodi prandia, quæ multum erant in hono- « rem et magnificentiam Universitatis (2). »

(1) En 1579, l'art. 84 de l'ordonnance de Blois, rendue par le roi Henri III, vint défendre, d'une manière générale, de faire aucuns banquets dans les Universités, à l'occasion de la collation des degrés. A Caen, toutefois, dans les premières années du XVIIe. siècle, l'usage des banquets d'inauguration se conservait encore lors de la réception des docteurs ès-Droits.

(2) Manuscrits de la Bibliothèque de la ville de Caen.

CHAPITRE V.

ÉPOQUE DES GUERRES DE RELIGION.

Mais bientôt ces solennités académiques allaient s'anéantir et faire place, pendant plus de vingt ans, au délaissement et à l'atonie. On sait quelles furent en Normandie l'ardeur et la cruauté des guerres civiles, nées de la lutte de l'antique religion catholique avec le protestantisme qui aspirait à la détruire. En 1564, cette lutte était dans toute sa force ; l'anarchie, la désolation étaient partout, et notre ville était couverte des débris nombreux que le fanatisme sacrilége des calvinistes y avait entassés deux années auparavant (1). La peste, pour comble de malheur, sévissait dans la contrée, et décimait la population déjà diminuée par les discordes intérieures.

(1) En 1562, les calvinistes, maîtres d'une grande partie de la Normandie, saccagèrent, de fond en comble, les églises et les couvents dans toutes les villes qu'ils occupaient. A l'abbaye de St.-Étienne de Caen, à la cathédrale de Bayeux, leur acharnement avait été tel qu'un demi-siècle entier s'écoula avant qu'on eût terminé les réparations nécessaires pour reprendre la célébration de l'Office divin (*Histoire de l'abbaye de St.-Étienne*, par M. Hippeau, p. 184).

Devant des catastrophes aussi terribles, l'Université de Caen, en général, et le collége des Droits, en particulier, avaient vu fuir en grande majorité les professeurs et les élèves. De graves abus, dans le même temps, n'avaient pas manqué de s'introduire dans ce qui restait encore debout de nos anciennes écoles. Leur réformation était devenue indispensable ; mais le Parlement de Normandie, auquel cette mission appartenait naturellement, n'était guère en état de l'entreprendre. Cette grande Compagnie, gardienne suprême de l'administration et du bon ordre dans la province entière, ne pouvait sans doute prendre sur elle de s'occuper d'intérêts scientifiques, dans des moments aussi calamiteux. Elle dépensait en vain son activité pour maintenir la paix dans la ville de Rouen et les lieux circonvoisins, troublés par des séditions incessantes (1).

Ici encore, nous retrouvons notre historien caennais, alliant au talent de l'écrivain naïf le dévouement de l'homme de bien et le courage du magistrat intrépide. Lieutenant-général du grand-bailli de Caen, et, comme tel, exerçant les fonctions de conservateur royal des priviléges de l'Université, M. De Bras profita de cette

(1) M. Floquet, *Histoire du Parlement de Normandie*, t. II, p. 528 et suiv.

qualité pour accomplir, dans le cours de l'année 1564, une visite exacte de toutes les corporations académiques. Bravant les inimitiés nombreuses que sa démarche ne pouvait manquer de faire naître contre lui, il voulait constater sans palliatifs le mal existant, afin sans doute de mettre l'autorité supérieure à même de le réparer.

Nous possédons, à la fin de son livre, le procès-verbal de l'enquête qu'il opéra dans ce but. Il serait curieux de suivre M. De Bras dans ses opérations diverses, et notamment dans ses colloques avec le Recteur de ce temps, passé au protestantisme, auquel il reproche avec amertume l'oubli qu'il fait de sa dignité en sortant par la ville *non revêtu de l'habit long et chape doctorale*; et aussi sans l'*accompagnement honorable d'écoliers et de suppôts* qui doit faire cortége au chef de l'Université, quand il se montre en public. Nous devons nous borner toutefois à ce qui concerne le collége des Droits, objet de notre étude.

L'enseignement y avait cessé à peu près entièrement. Chacune des deux Facultés de Droit, canonique et civil, n'était plus représentée que par un seul docteur. Pour combler les vides du Corps dont ils faisaient partie, les deux professeurs restants offraient d'admettre gratuitement au doctorat ceux des licenciés qui voudraient se soumettre aux épreuves requises ; ils avaient même exhorté à venir dans leurs rangs plusieurs magistrats et avocats du siége présidial et de la vicomté, dont ils connaissaient le mérite. Mais chacun dédaignait les fonctions du professorat dans une époque aussi agitée. Ces fonctions d'ailleurs avaient perdu les avantages matériels qu'elles présentaient autrefois. Les rétributions éventuelles, payées par les étudiants pour la collation des grades, avaient disparu par suite de la désertion des écoles, et la Ville elle-même avait cessé de fournir aux docteurs les *gages* qu'elle devait leur attribuer, aux termes des décisions et réglements précédemment rendus.

Bien que nous n'ayons pas à cet égard de documents certains, tout fait croire que ces louables efforts pour la restauration des études de Droit demeurèrent long-temps stériles. Par suite du malheur des temps, le nombre des jeunes gens qui venaient prendre des degrés dans notre Université était devenu tellement petit, qu'on avait abandonné la pratique salutaire, reçue dès cette époque, d'exiger le grade de licencié en Droit pour l'admission des officiers de judicature dans les bailliages et les vicomtés de la Normandie. C'est ce qu'atteste un arrêt du Parlement de Rouen, du 27 avril 1569, intervenu sur la requête des docteurs de Caen, et prohibant à l'avenir un semblable abus (1).

(1) Nous avons trouvé, dans la bibliothèque de M. Travers, un exemplaire de cet arrêt, imprimé en forme de placard.

CHAPITRE VI.

RÉFORMATION DES ÉCOLES DE DROIT DE CAEN, EN 1582.

Cette année 1582 fut en quelque sorte, pour notre école de Droit, l'aurore d'un avenir meilleur ; et ce fut encore une fois à la protection éclairée du premier tribunal de la province qu'elle fut redevable de ce bienfait signalé.

Déjà à cette époque, dans notre contrée normande, la marche du protestantisme, un moment ascendante, était sur son déclin ; et, bien que nos discordes civiles fussent loin d'être terminées, le besoin du retour du bon ordre et de la restauration des institutions anciennes se faisait sentir dans la plupart des esprits. L'ordonnance de Blois, rendue par Henri III en 1579, contenait un grand nombre de dispositions sur la réformation des Universités, et notamment sur celle des Facultés de Droit. Par application de cette ordonnance, et sur la demande expresse des États-Généraux de la Normandie assemblés en 1580, des lettres royales de 1581 vinrent désigner une

Commission de trois membres du Parlement de Rouen, pour procéder à la visite et à la correction des écoles de Caen.

Ce fut seulement le deuxième jour du mois d'août de l'année suivante que le Président Le Jumel, sieur de Lisores, placé par Henri III à la tête de cette Commission, se rendit dans notre ville, et commença, de concert avec ses collègues, à remplir la mission qui leur était confiée. Les commissaires ne tardèrent pas à reconnaître qu'un des principaux obstacles au rétablissement des études dans une forme convenable, au sein de l'Université de Caen, provenait de la pauvreté de cette corporation, destituée, par suite des troubles, de la plupart de ses revenus anciens. Déjà, pour obvier à sa détresse, le roi lui avait concédé un prélèvement de six deniers sur chaque minot de sel vendu aux greniers des Généralités de la Normandie. Cet avantage est évalué, par un document contemporain, à mille écus par an, somme considérable pour le temps. Cependant, comme il était évidemment insuffisant pour doter notre Université d'une manière honorable, les commissaires-réformateurs ouvrirent, dans le même but, une souscription patriotique à laquelle fut conviée la province entière.

L'ouvrage de M. De Bras, imprimé en 1588, se termine par la liste des souscripteurs, parmi les-

quels il figure lui-même un des premiers. A côté
d'un assez grand nombre de magistrats, de gentilshommes, de bourgeois, on trouve, sur cette
liste, beaucoup d'individus se qualifiant de *mes-*
sagers de l'Université pour les divers diocèses de
la province de Normandie. Cette espèce particulière de *suppôts* se rattachait à une coutume ancienne, bien éloignée de nos mœurs actuelles. A
la fin du moyen-âge, lorsqu'il n'existait pas encore
de services réguliers de courriers établis par le
Gouvernement pour son usage et pour celui du
public, les Universités en avaient fondé déjà, dans
le but d'augmenter le nombre de leurs élèves, en
facilitant les communications de ceux-ci avec
leurs familles. Ces transports de voyageurs et de
dépêches n'ayant pas tardé à donner des profits,
les Universités en affermaient l'entreprise dans
les localités diverses dépendant de leur ressort.
Tel était l'état de choses encore subsistant au
XVIe. siècle, et les messagers par suite, à Caen
comme ailleurs, se trouvaient intéressés manifestement à la prospérité du grand établissement d'instruction publique auquel ils se rattachaient (1).

(1) Louis XIV, ayant réuni les messageries universitaires aux *postes*
et courriers entretenus par l'État, attribua des indemnités aux Universités dépossédées, par cette mesure, d'un droit préexistant. M. De
La Rue nous fait connaître que la nôtre, jusqu'à sa fin, toucha, à ce

Stimulés par ces louables exemples, les magistrats municipaux de la ville de Caen s'empressèrent de rétablir la subvention annuelle de 200 livres déjà votée par eux, en 1521, au profit de chacun des docteurs du collége des Droits. Le nombre de ces professeurs demeura fixé à six, deux pour le Droit canonique et quatre pour le Droit civil.

Ces mesures toutefois ne parurent pas suffisantes pour rendre à l'école de Droit de Caen, si délaissée depuis quelque temps, son ancienne splendeur. Il fut ordonné par les commissaires, et le Parlement à plusieurs reprises confirma leur décision, que les *gouverneurs* et *échevins* de la ville de Caen seraient tenus d'appeler des Universités étrangères *un personnage de célèbre doctrine et*

titre, du trésor royal, une pension de 2,000 livres (*Essais historiques*, t. II, p. 148). Les messagers universitaires, depuis l'édit de Louis XIV, furent maintenus, néanmoins, bien qu'ils n'eussent plus de fonctions sérieuses. Au dernier siècle, ce titre était très-recherché, à cause des exemptions d'impôts qu'il procurait, et des personnages de distinction ne dédaignaient pas de le porter. C'est ainsi qu'en parcourant d'anciens registres, nous avons trouvé, à la date du 8 août 1722, une délibération de l'Assemblée générale de l'Université de Caen, qui confère l'office de messager du diocèse de Rouen, vacant en ce moment, à Messire *Jean de Bernière, chevalier, sieur de Garrus, Mondrainville, Deux-Jumeaux, Longueville et autres lieux.* A la même époque, les registres l'attestent, les charges de papetiers, parcheminiers, enlumineurs, relieurs, porte-masses, sonneurs même de l'Université, étaient occupées par des gentilshommes et des bourgeois notables, parfaitement étrangers à la profession manuelle qu'ils étaient censés exercer dans l'intérêt des maîtres et des écoliers.

érudition. Pour cela, les officiers municipaux durent tenir en réserve une somme assez forte pour fournir un traitement spécial, et bien supérieur à celui des docteurs ordinaires, à ce savant venu des pays lointains, sur lequel on comptait pour relever parmi nous l'enseignement de la science des lois.

Grâce sans doute à ces allocations qui rendaient les membres de l'Université tributaires du trésor de la Ville, le Corps municipal de Caen, dans les dernières années du XVIᵉ. siècle et aussi durant les premières années du siècle suivant, exerçait sur les professeurs un pouvoir bien manifeste de supériorité et de direction. C'était l'assemblée des *gouverneurs et échevins* qui ordonnait de nommer aux places devenues vacantes dans le collége des Droits ; c'était elle qui fixait, pour chaque année, l'ordre des leçons et la composition des deux Facultés de Droit, canonique et civil. C'est à cette assemblée enfin que nous voyons, d'après les registres de l'Hôtel-de-Ville, les docteurs adresser des plaintes continuelles sur le peu d'exactitude avec laquelle ils sont payés de leurs traitements.

Une autre circonstance, que ces mêmes registres viennent nous révéler, contribuait à rendre complète, à cette époque, la suprématie des magistrats de la cité. Le président de Lisores, en quittant la ville de Caen, n'avait pas voulu que son absence pût compromettre la restauration des études de Droit qu'il venait d'accomplir. Il avait pris soin de déléguer ses pouvoirs au sieur Vauquelin de La Fresnaye, lieutenant-général du bailliage et maire perpétuel. Celui-ci, à son tour, s'était trouvé naturellement amené à associer ses collègues du Corps municipal à l'exercice des fonctions de commissaire-réformateur dont il était revêtu.

L'évocation d'un professeur fameux paraissait surtout importer, nous l'avons dit, au retour de la prospérité de l'école de Caen. Aussi, dès les premiers moments de la mission conférée au président de Lisores, vit-on ce magistrat, et d'autres gens de distinction qui prenaient intérêt à la ville de Caen, s'efforcer de procurer à ses représentants les renseignements dont ils avaient besoin pour atteindre ce but. Ils vinrent successivement leur indiquer des docteurs en Droit de mérite actuellement sans emploi, qu'il leur semblait possible d'attacher à notre Université en leur offrant des avantages convenables. L'usage alors permettait ces sortes de marchés appelés du nom de *conduites* (1). La plupart des jurisconsultes de renom engageaient temporairement leurs services dans

(1) *Histoire de l'Université de Grenoble*, par M. Berryat-Saint-Prix, p. 20.

une école quelconque, moyennant un prix librement débattu avec les magistrats de la ville dans
laquelle ils allaient résider de la sorte pour un
temps déterminé.

Parmi les noms signalés à l'attention du Corps
municipal de Caen, il en est plusieurs qui sont
demeurés célèbres. Tel est celui de *François
Roaldès*, professeur de Cahors et de Toulouse,
un des amis les plus intimes de Cujas qui prisait
singulièrement ses talents (1). Une lettre de ce
jurisconsulte au président de Lisores, dont l'ori-
ginal se trouve dans les archives de notre ville,
fait voir qu'il ne demandait pas mieux que de venir
s'y fixer. Nous avons copié cette lettre qui nous
a paru remarquable par la grâce du style et par
une exquise urbanité (2).

· Ce projet n'eut pas de suite, grâce au peu
d'empressement que mirent les échevins à
assurer à François Roaldès un traitement propor-
tionné à son mérite. Il est, du reste, une ten-
tative du même genre dont l'absence de succès ne
peut manquer de laisser des regrets bien plus vifs
encore : sa réussite, en effet, eût attiré infailliblement sur l'Université de Caen une célébrité
éclatante. Cette idée n'était autre que d'évoquer

(1) *Histoire de Cujas*, par M. Berryat-Saint-Prix, p. 505.
(2) Pièces justificatives, n°. 5.

dans notre école le plus illustre des jurisconsultes
de ce siècle, si fécond pourtant en génies puissants dans la science des lois. Au mois d'août
1582, Cujas avait quitté la ville de Bourges, témoin des malheurs domestiques cruels qu'il venait
d'éprouver (1). Résidant temporairement à Paris,
où l'on ne rencontrait pas alors d'école de Droit
civil, il semblait chercher quelque Université éloignée, dans laquelle le souvenir par trop présent de
son infortune ne viendrait pas troubler ses savantes
leçons. La ville de Caen, dès-lors, pouvait légitimement aspirer à mériter sa préférence, bien qu'il
fût sollicité, au même instant, par d'autres Universités qui désiraient posséder un maître aussi
éminent.

L'initiative de l'évocation de Cujas appartenait
à Mg[r]. François d'O, lieutenant-général et gouverneur pour le Roi dans la Basse-Normandie.
Les magistrats de Caen comprirent l'importance
du projet qui leur était soumis. Aussi, sans perdre
de temps, ils décidèrent, d'un accord unanime,
que l'on prierait Mg[r]. d'O d'employer son influence
à l'effet de décider Cujas à venir enseigner dans
leur école. Une pension annuelle de 1,500 livres

(1) Dans l'automne de l'année 1581, Cujas avait vu mourir, presqu'en même temps, sa femme et son fils, jeune homme de grande espérance (Berryat-Saint-Prix, *Histoire de Cujas*, p. 412.)

fut, en même temps, votée en sa faveur. Cujas
connut, sans aucun doute, cette délibération si
honorable pour lui; mais il ne se conforma pas
au vœu qu'elle renfermait. Bientôt après, il re-
tourna à Bourges, et ce fut dans cette ville qu'il
termina prématurément sa carrière, en 1590,
miné, dit-on, par le chagrin que lui faisait éprouver
la terrible guerre civile que la mort du roi
Henri III était venue rallumer (1).

Privée de l'insigne honneur de posséder Cujas,
la ville de Caen se tourna vers un autre savant,
fils de l'un des collègues et rivaux les plus fameux
de Cujas. Jean Hotman (ou Hotoman) était, en
1584, prieur de notre collége des Droits ; cette
charge, apanage ordinaire du plus ancien des docteurs, lui avait été conférée par exception, pour
le déterminer à professer à Caen. Jean Hotman,
sans avoir acquis le même renom que son père,
François Hotman, fut cependant, lui aussi, un

(1) La connaissance de l'offre faite à Cujas par les échevins de notre
ville a complètement échappé aux auteurs qui ont écrit la vie de cet
homme célèbre. Nous devons nous-même de l'avoir connue à l'indication bienveillante de M. Trebutien, l'un des conservateurs de la
Bibliothèque de la ville de Caen. M. Trebutien, dont l'obligeance
extrême égale la haute érudition, nous a été d'un secours infini pour
nous reconnaître dans le dédale des registres municipaux du XVIe.
siècle (Voir aux pièces justificatives, no. 6, la correspondance de Mgr.
d'O, au sujet de Cujas, et aussi celle relative à Jean Hotman et au
docteur Vialart).

érudit de grand mérite. Il composa plusieurs ouvrages sur le Droit international, et par suite,
sans doute, de la direction donnée à ses études, il
remplit, pour la France, des missions diplomatiques
en Allemagne, vers la fin du règne de Henri IV.

Le professorat de Hotman dans notre école fut
de courte durée, comme celui des divers jurisconsultes étrangers que nous y verrons enseigner
dans les dernières années du XVIᵉ. siècle. Dès le
mois de septembre 1584, il se plaignait du peu
d'exactitude mis par le Corps municipal à lui payer
les *gages* auxquels il avait droit. Mécontent de
procédés qu'il jugeait inconvenants, il tarda peu,
selon toute vraisemblance, à se rendre à des propositions qui lui vinrent d'ailleurs.

Quelle que soit la date exacte de son départ, la
chaire, constamment réservée à cette époque pour
un savant étranger, était, en 1587, devenue vacante, lorsqu'un jeune docteur d'un mérite éclatant, au dire de chacun, se présenta pour l'occuper. Guillaume Bruce, écossais de naissance, après
avoir professé quelque temps à titre auxiliaire à
Cahors et à Toulouse, était venu dans notre ville
sur l'invitation du président de Lisores, toujours
investi d'un pouvoir supérieur pour la réformation et le bon ordre de l'Université de Caen. Ce
magistrat, toutefois, avait voulu que Bruce com-
mençât par donner des marques certaines de

savoir et de talent, avant d'entrer définitivement dans le Corps des professeurs du collège des Droits. Il l'avait astreint à subir des épreuves identiques à celles qu'on exigeait alors des licenciés qu'il s'agissait d'élever au doctorat.

Au mois d'avril de cette année 1587, Bruce, depuis trois mois, faisait un cours public singulièrement goûté des étudiants. Cependant, les professeurs de Caen, mal disposés à son égard, différaient toujours de l'admettre au soutien des thèses qui devaient couronner cet enseignement facultatif, et déterminer sa réception définitive, s'il s'en tirait avec honneur. Leur résistance fut vaincue par l'intervention du Corps municipal. Les professeurs reçurent l'ordre de fournir à Bruce un sujet de thèses, et de lui assigner jour pour les soutenir contre tous les jurisconsultes qui voudraient se présenter.

Cette dispute s'accomplit avec éclat, présidée par le Recteur, en présence des docteurs des diverses Facultés, réunis aux conseillers du siége présidial ainsi qu'aux magistrats municipaux de la ville de Caen. Après une argumentation brillante, Guillaume Bruce fut investi solennellement de la chaire qu'il ambitionnait. L'avis unanime de ses juges s'était prononcé en sa faveur, sans même que les docteurs en Droit, ses rivaux, eussent essayé d'émettre un avis opposé.

Les registres de la ville de Caen (vol. 50)
contiennent un grand nombre de pièces relatives
à cette admission contrainte de Bruce, qui paraît
avoir fait grand bruit dans l'Université et dans
la ville entière. Nous y avons trouvé (fol. 58)
la thèse imprimée de Bruce , dédiée au premier
président Groulart, qui honorait ce professeur
étranger d'une bienveillance particulière (1).

Les propositions soutenues par Guillaume Bruce
roulent sur une des matières les plus épineuses
de la science du Droit. Elles sont intitulées : *De
dividuis et individuis , juris civilis et pontificii
positiones.* On voit, par le *proœmium* de cette
thèse, que son auteur se faisait gloire d'appartenir
à l'école , nouvelle alors , qui marchait sur les
traces d'Alciat et de Cujas, dans le but de raviver l'étude du Droit romain par un retour aux
sources originales. Bruce, avec cette école, se
prononce nettement contre la barbarie et l'obscurité des divisions multipliées de Barthole. Voici
dans quels termes , en s'adressant au président

(1) Claude Groulart, né à Dieppe en 1551, occupa pendant 22 ans
l'office de premier président du Parlement de Normandie (1585-1607).
Groulart fut assurément l'un des membres les plus éminents de cette
magistrature française du XVIe. siècle, si féconde en illustres figures. Il a
laissé une traduction latine de l'orateur Lysias, très-estimée de son temps,
et des mémoires curieux, intitulés *Voyages en Cour*, dans lesquels il ra-
conte les rapports fréquents qu'il entretint avec les deux rois de France,
Henri III et Henri IV.

Groulart, il exprime son mécontentement d'avoir
à traiter un sujet des plus ardus, et sur lequel les
textes des jurisconsultes romains ne jettent, il
faut le dire, que des lueurs imparfaites : « Quam-
« obrem hanc positionum tabulam, non pro-
« priam quidem, aut meo arbitratu delectam, sed
« vi vel precario, non ex jurisconsultorum silvis
« cæduis, sed ex rustico Bartholi fortasse aut
« glossographi cujusdam instrumento extortam,
« tibi officii chirographum, civitati vero syngra-
« pham esse volo. »

Nous ne transcrirons pas les propositions diverses composant la thèse de Bruce; elles nous ont
paru plutôt sages que profondes. Citons seulement
la dernière de celles concernant le Droit canonique. Elle semble attester que ce docteur, compa-
triote de Jean Knox, avait néanmoins conservé
intactes les antiques et saintes croyances de la foi
catholique : « Romanus Pontifex plenissimam
« habet potestatem et individuam. Alii vero epis-
« copi vocati sunt in partem sollicitudinis, non
« in plenitudinem potestatis. »

Bruce abandonna notre école à la fin de l'année
1589, se plaignant, lui aussi, de la parcimonie
des échevins à son égard. Ceux-ci, trois ans plus
tard, en 1592, appelèrent de nouveau un professeur étranger, que recommandait à leur attention le patronage éminent du président de Thou.

Dominique Baudius, tel était son nom, était
Hollandais de naissance. Il appartenait à l'Université de Leyde, ville dans laquelle il devait mourir,
en 1616, laissant après lui un traité de l'*Usure*
fort renommé. Baudius, à ce qu'il paraît, lors de
son séjour à Caen, ne tarda pas à s'attirer des
contestations éclatantes avec ses collègues, toujours peu favorables aux jurisconsultes d'origine
lointaine qu'on tenait si fort à leur adjoindre. En
les quittant bientôt après, il lança contre eux
dans le public une satire cruelle en vers iambi-
ques, dont Grotius, au dire de Huet, admirait
la verve pleine d'âcreté (1).

Le mauvais succès de l'évocation de Baudius
ne découragea pas nos magistrats municipaux. En
1594, ils engageaient Claude Fournier, professeur
célèbre de Bourges et d'Angers. Des avantages
extraordinaires avaient été concédés à Fournier
pour le fixer à Caen. Outre la dignité de prieur
du collége des Droits, mille livres de gages an-
nuels lui étaient attribuées.

Cinq années entières, Fournier remplit régulièrement, dans notre Université, les fonctions du
professorat ; mais, en 1599, irrité de la prétention qu'élevait la ville de Caen de réduire ses appointements qu'elle trouvait excessifs, il aban-

(1) *Origines de la ville de Caen*, p. 418.

donna subitement son poste, et s'en alla enseigner le Droit dans l'Université de Dol, en Franche-Comté, son pays natal. La précipitation de son départ avait été telle, ou bien encore son dépit contre notre ville avait été si grand, qu'il avait emporté les clefs de l'armoire qui contenait le sceau des Facultés de Droit : ce qui empêcha pendant quelque temps de pouvoir délivrer aux étudiants des certificats réguliers.

Cependant, dix ans plus tard, en 1609, Fournier revint à Caen, et revendiqua à la fois sa chaire et la charge de prieur, occupée alors par le docteur Jacques Jean, dit *Janus,* à titre d'ancienneté de services. S'étant ménagé l'appui du Corps municipal, avec lequel il avait transigé pour 600 livres seulement de traitement à l'avenir, il obtint, du sieur Guillaume Vauquelin son chef, la réinstallation qu'il sollicitait. Nous avons sous les yeux un curieux mémoire imprimé, adressé par Janus au Parlement de Normandie, dans le but de se plaindre de l'acte de violence dont il a été victime, et d'obtenir l'expulsion de Fournier qu'il soutient devoir être réputé démissionnaire, par suite de l'abandon qu'il a fait de son emploi (1). Cette prétention si juste fut couronnée de succès. Le 13 septembre 1610,

(1) Bibliothèque de M. Travers.

intervint un arrêt du Parlement qui, cassant la convention nouvelle passée entre la Ville de Caen et le sieur Fournier, rendait au docteur Janus la dignité de prieur dont il avait été privé. Cet arrêt enjoignait au Recteur de l'Université, et même au Procureur du roi, *d'avoir l'œil et de tenir la main à ce que les docteurs fissent leurs leçons sans intermission.* Il défendait, de plus, au Maire et aux échevins de disposer à l'avenir des chaires de Droit, sans l'aveu du Parlement et de l'Université.

Les querelles que nous venons d'exposer, entre les professeurs normands d'origine et ceux venus des Universités étrangères, ne furent pas les seules qui troublèrent la tranquillité de notre école, à l'époque où nous sommes parvenus. En 1587 notamment, peu de temps après la réception de Guillaume Bruce, opérée contre le vœu du collége des docteurs, on vit surgir un procès des plus scandaleux entre l'un de ceux-ci et la corporation entière.

Déjà, dans ce temps, on avait cessé d'observer la coutume, anciennement reçue à Caen, par laquelle on considérait comme identiques la dignité de professeur titulaire et celle de docteur ès-Droits. Ce grade était conféré à des licenciés de mérite, alors même qu'il ne se trouvait pas de chaires actuellement vacantes dont les récipien-

daires pussent être pourvus. Mais les réglements,
d'accord avec l'usage, exigeaient beaucoup de solennité pour la réception des nouveaux docteurs.
Après un certain nombre de leçons d'apparat,
faites en présence du Corps universitaire entier,
le candidat devait soutenir des thèses qu'il faisait
afficher huit jours à l'avance, afin de ménager à
ceux qui voudraient entrer dans la lice les moyens d'argumenter contre lui. Ajoutons que de
nombreuses convocations étaient adressées, en
son nom, par les bedeaux des Facultés de Droit
aux officiers de l'Hôtel-de-Ville, ainsi qu'à tous
les fonctionnaires de l'Ordre judiciaire.

Quel ne fut pas, dès-lors, l'étonnement de chacun, lorsque, dans la journée du 29 mai, on
apprit que, le matin de ce jour, Claude du
Buisson, doyen du Droit civil, s'était ingéré de
conférer, à lui seul, la dignité doctorale à son fils
Anne du Buisson et à Jérôme Le Courtois
son parent, tous les deux licenciés en Droit,
aspirant au professorat? Aucune des formalités
accoutumées n'avait été gardée dans cette réception frauduleuse, opérée à l'insu du Recteur et
sans l'aveu des professeurs de Droit, témoins
obligés d'une promotion aussi honorable. Il n'y
avait pas eu de soutien de thèses, et tout s'était
borné à quelques discours vagues prononcés à la
hâte, devant un certain nombre d'écoliers, sur

les devoirs imposés aux docteurs et sur la dignité de la science du Droit.

Les professeurs ayant protesté, dès le soir même, devant le Lieutenant-général du bailliage, en même temps maire de la ville et commissaire réformateur de l'Université, ce magistrat ouvrit une enquête, dont les registres municipaux nous donnent le contenu (1). Les mêmes registres nous font connaître cette particularité singulière que le sieur du Buisson père, s'étant mis privativement en possession du sceau des Facultés de Droit dans le but de faciliter les promotions qu'il méditait, il fallut le faire emprisonner durant quelques heures à la requête du procureur du roi, pour l'amener à réintégrer ledit sceau dans l'*arche commune des Facultés*, sise alors au couvent des Cordeliers (2).

Le résultat de cette procédure pleine de scandale fut, comme on devait s'y attendre, l'annulation de la réception des deux docteurs prétendus. Pourtant, cette annulation définitive souffrit de longs délais, les sieurs du Buisson et Le Courtois s'étant portés appelants devant le Parlement contre la décision des officiers municipaux qui leur était contraire. Du reste, l'échec humiliant

---

(1) Registres de l'Hôtel-de-Ville de Caen, vol. 50, fol. 68 et suiv.
(2) Registres de l'Hôtel-de-Ville de Caen, vol. 50. foi. 75.

qu'il venait de subir ne nuisit pas à la fortune d'Anne du Buisson. Huet nous atteste qu'il devint plus tard conseiller au Parlement de Normandie. Il le signale même, par erreur, comme ayant été pendant quelque temps professeur dans notre école de Droit (1).

(1) *Origines de Caen*, p. 340.

CHAPITRE VII.

Notre ancienne école de Droit, ce semble, a dû posséder, de tout temps, des registres régulièrement tenus. Les statuts promulgués en 1498, dont nous avons parlé précédemment, prescrivaient, dès cette époque, l'existence d'un greffier-receveur attaché spécialement aux Facultés de Droit, qui aurait pour mission de constater avec exactitude les promotions aux degrés : « Receptor Facultatum jurium per collegium eligitur, et durat ejus officium vita ejus comite, quia est licentiatus juris. Ejus officium est pecunias Facultatum recipere, nominaque et cognomina ac dies in quibus gradus recipiunt scholares irregistrare, et de hoc papyrum seu registrum facere (1). »

Nous n'avons pu découvrir toutefois aucun registre de ce genre antérieur à celui qui commence au mois de mai 1599. Mais, à partir de ce temps,

(1) Manuscrits de la Bibliothèque de la ville de Caen.

toutes les réceptions des licenciés se trouvent relatées sans interruption dans des registres déposés aujourd'hui aux archives du département du Calvados. Ces registres, avec la désignation des étudiants promus à la licence, renferment en outre celle des mutations opérées parmi les professeurs. Ils contiennent de plus, mais en petit nombre, quelques détails se rattachant aux mœurs de l'époque. Telle est l'indication que l'on fait chaque année de celui des docteurs qui *a rendu le pain bénit de la St.-Yves*, fête patronale des deux Facultés de Droit.

Au commencement de l'année 1601, il n'existait plus que trois professeurs dans le collége des Droits de Caen. La promotion de deux nouveaux membres devenait nécessaire pour compléter ses rangs. Voici, dans le plus ancien de nos registres, la mention relative à ce fait. Elle a son importance ; car elle est le premier indice certain d'un concours régulier ouvert dans notre école conformément aux prescriptions de l'ordonnance de Blois de 1579, portant qu'il sera pourvu dorénavant par ce mode de nomination aux chaires devenues vacantes dans les Universités :

« Du 16 août 1601, noble homme Mᵉ. Jean de Guernon et Mᵉ. Pierre Desrues, docteurs ès-Droits, ont été admis et reçus à la régence, et pour être du nombre des docteurs-régenz, après avoir été par eux faict lectures et répétitions solempnelles aux livres de Droit civil et canonique. Présence du S^r. Recteur et des S^{rs}. Lepaon, Janus, Le Boucher, de Savigny, Collin et plusieurs autres. »

Le nom des vainqueurs, il est vrai, se trouve seul relaté dans ces lignes; mais une autre indication, à la même date, prouve que M^c. Thomas Eudeline avait été le concurrent de Desrues, avec lequel il est dit *avoir discouru et disputé*. Jean de Guernon, le premier des professeurs nouvellement institués, paraît avoir occupé, dans notre ville, un rang considérable. Aussi sa réception au grade de docteur, à la fin de l'année précédente, avait-elle eu lieu avec un éclat inusité. Nous avons découvert, dans les registres de l'Hôtel-de-Ville (vol. 38, f°. 106), le court procès-verbal suivant :

« Du samedi 4 novembre 1600, au bureau de l'hôtel commun de la ville de Caen, présents MM. Vauquelin, Lieut^t. gén^{al}., etc. Sur l'invitation faite à Messieurs d'assister mardi prochain à l'acte de doctorande de M^r. de Guernon qui se fait promouvoir docteur ès-Droits, et d'assister à son festin et banquet; Messieurs ont arrêté d'assister à l'acte dessus dit et au festin, et de le gratifier de la somme de quinze écus. »

Une fois en possession du registre des réceptions, nous avons dû relever avec soin le nombre

des promotions à la licence opérées, chaque année,
dans notre ancienne école. Dès les premiers moments du XVII°. siècle, ce nombre était considérable, et semble attester qu'elle jouissait alors
d'une situation florissante. Nous avons trouvé 33
licenciés admis en 1600, 58 en 1601, 78 en 1606,
89 en 1610, 75 en 1612, 78 en 1615, 74 en 1630,
88 en 1640, 89 enfin en 1650. Parmi les candidats, il s'en rencontre beaucoup venus de la Bel-
gique et de la Hollande. Quelques-uns même sont
anglais, comme l'atteste cette mention que nous
rencontrons à la date du 10 septembre 1602 :

« Generosus vir Joannes Lear, ex parochia Bo-
nitracy, diocesis Exominiensis in Anglia, notarius
publicus almæ curiæ Cantuariensis de arcubus
Londini, ac supremæ curiæ admiralititiæ Angliæ
procuratorum generalium unus, licentiatus gradum
obtinuit, *tantum in jure civili,* et respondit de
lege 1, Dig., *Qui testam. facere possunt;* coram
DD. Le Paon, Janus et de Guernon. »

Ce procès-verbal, on le voit, est rédigé en langue latine; et, jusqu'à la destruction de notre école
en 1791, il en sera de même de tous ceux qui le
suivront. Cependant, sur le même registre, à la
fin de l'année 1599 et au commencement de l'année suivante, l'on rencontre un assez grand
nombre d'actes du même genre écrits en français. Cette particularité venait de l'absence mo-

mentanée du greffier de l'Université, M^e. Philippe
Olivier, prêtre et curé de St.-Martin de Caen,
parti pour Rome à l'effet de prendre part au grand
jubilé de l'année 1600. Il nous a paru curieux de
noter cette circonstance ; car elle prouve qu'à cette
époque la coutume des pélerinages à Rome, si
fréquemment observée au moyen-âge, n'avait pas
encore disparu en Normandie. On lit sur notre
registre : « 16 août 1599 ; les licenciés ci-après
ont été passés en mon absence, et durant le temps
que j'étais au grand jubilé de Rome, et jusqu'à
mon retour, l'an 1600. »

Écrits par un rédacteur moins expérimenté,
probablement, mais aussi sans doute ayant plus
de loisirs que le greffier ordinaire, les procès-
verbaux français sont infiniment plus longs que
les autres, et par cela même ils renferment
quelques indications précieuses pour l'objet de
notre étude. Nous y voyons notamment que les
écrits philosophiques de Sénèque avaient, en ce
temps, acquis une sorte de droit de bourgeoisie
dans l'école de Caen. Souvent ce philosophe
est cité comme ayant fourni au candidat les
propositions qu'il a soutenues. Il est à peine
besoin de dire que les thèses, ainsi basées sur
Sénèque, sont très-peu juridiques, et roulent sur
l'un de ces textes des premiers titres du *Digeste*
qui contiennent des maximes de morale, suscep-

tibles aisément de dégénérer en lieux communs.
Nous donnons, à la suite de ce travail, la copie
textuelle de l'un de ces actes de licence (1).

L'examen de cette partie du registre des licenciés nous apprend également qu'à la même
époque, la plupart des grades étaient délivrés
séparément pour le Droit canonique et pour le
Droit civil. Déjà pourtant il se rencontre des
réceptions opérées à la fois dans l'un et l'autre
Droit. Quarante ans plus tard au contraire, il
en sera différemment. Les thèses alors, presque
toujours, porteront en même temps sur le Droit
canonique et sur le Droit civil. Enfin, dans la dernière partie du siècle, l'ordonnance royale de
1679 viendra sanctionner cet état de choses, en
autorisant par exception les ecclésiastiques à
prendre des degrés en Droit canonique seulement.

Déjà, du reste, dans l'école de Caen, à partir
de la seconde moitié du XVIe. siècle, on avait
cessé de distinguer les deux Facultés de Droit,
canonique et civil, quant à la nomination des
professeurs et aux attributions qui leur étaient
conférées. Chacun des docteurs-régents avait
qualité pour enseigner indistinctement l'un et
l'autre Droit ; comme aussi chacun d'eux, à
tour de rôle, devenait successivement doyen

(1) Pièces justificatives, nº. 8.

du Droit canonique et doyen du Droit civil. Cette qualité de doyen, qui ne durait qu'une année, avait principalement pour objet de donner entrée à celui qui la possédait dans le Conseil ordinaire de l'Université. Elle était indépendante de la dignité de *Prieur*, ou chef de l'école, attribuée à vie au professeur le plus ancien. Ajoutons que le doyen du Droit canonique pouvait enseigner le Droit civil, et réciproquement. La distribution des cours était une affaire d'ordre intérieur, qui se réglait entre les professeurs selon les besoins du service et les convenances de chacun.

Nous avons trouvé, dans les registres de l'Hôtel-de-Ville, plusieurs programmes imprimés des cours de notre ancienne école au commencement du XVIIe. siècle, et nous croyons devoir transcrire ces programmes pour les années 1605 et 1607. On peut remarquer, en les parcourant, qu'en 1605 il ne se rencontre qu'un seul cours de Droit canonique, encore n'est-il pas complet. En 1607, au contraire, trois professeurs à la fois doivent s'occuper de la législation ecclésiastique. L'explication du livre *des Fiefs* et par suite l'exposé des principes essentiels du régime féodal figurent dans le programme de 1605 ; ils sont omis dans celui de 1607 (1).

(1) Pièces justificatives, n°. 9.

Des plaintes vinrent à s'élever sans doute contre une inégalité aussi grande dans la distribution annuelle des matières de l'enseignement. De là, probablement, un arrêt de réglement du Parlement de Rouen du 4 août 1609, rendu à l'occasion de la fixation des honoraires des docteurs-régents du Collége des Droits, alors au nombre de cinq. La Cour ordonne, par cet arrêt, que : « vacation advenant d'un des dits docteurs, « n'y sera pareillement pourvu, et seront réduits à quatre, deux desquels feront lecture « en Droit civil au matin ; un autre fera lec- « ture, après midi, en Droit canon, et le qua- « trième lira les Instilutes et fera deux lectures « par jour (1). »

A partir de l'époque où nous sommes arrivés, l'étude approfondie du Droit canonique déclina, nous le croyons, dans l'Université de Caen. Les docteurs chargés de l'enseigner, ne faisant plus de ce professorat leur vocation spéciale, furent amenés naturellement à donner la meilleure partie de leur attention au Droit civil d'une application plus usuelle. Il en fut de même des étudiants, dès là qu'il fut admis que les grades académiques seraient obtenus par eux, pour l'un et pour l'autre Droit, à la suite de thèses mi-

(1) Manuscrits de la Bibliothèque de la ville de Caen.

parties, dans lesquelles les positions de Droit canonique viendraient toujours les dernières, et comme accessoirement à celles de Droit civil.

On cesse aussi, vers le même temps, de trouver, parmi les professeurs titulaires de l'école de Caen, des docteurs engagés dans les Ordres sacrés. En 1599, au contraire, le Prieur du collége des Droits était M^e. Jean Le Paon, prêtre et curé de St.-Michel de Vaucelles. En 1607 encore, et ce fut le dernier exemple de ce genre, une des régences était occupée par Ambroise Le Gauffre, chanoine de Bayeux, plus tard official de Caen, vice-chancelier de l'Université, enfin député du Clergé de Normandie aux États-Généraux de 1614. Huet parle avec une estime singulière des vertus et du savoir qui distinguaient cet ecclésiastique, auquel appartint la gloire de figurer parmi les amis intimes du célèbre érudit Juste Lipse, sous lequel il avait étudié les belles-lettres à l'Université de Louvain. Le Gauffre, en mourant, laissa un abrégé des Décrétales de Grégoire IX, imprimé quelque temps plus tard, lequel, au dire de Huet, bon juge en cette matière, *porte les marques d'un grand sens et d'une profonde capacité* (1).

---

(1) *Origines de la ville de Caen*, p. 419. La Bibliothèque de Caen possède l'ouvrage de Le Gauffre, dédié par ses neveux à l'épiscopat français. *Synopsis Decretalium*. Paris, 1643 ; petit in-f°.

La présence exclusive des laïques dans nos
Facultés de Droit ne pouvait manquer d'amener,
à sa suite, la disparition d'une coutume antique
observée jusque-là. Aux termes des statuts primitifs de 1439, chaque année, aux approches
des fêtes les plus augustes de l'Église, Noël, Pâ-
ques et la Pentecôte, l'un des professeurs de
Droit canonique était tenu de donner une leçon
d'apparat d'un genre particulier, pour laquelle
on convoquait le Recteur et l'Université entière.
Le but de cette leçon, ou plutôt de cette prédica-
tion catholique, était d'exciter les auditeurs à
s'acquitter dignement des devoirs de piété que la
solennité qui s'approchait allait exiger d'eux (1).

Le Parlement de Normandie, en réduisant à
quatre, en 1609, le nombre des professeurs
ordinaires du collége des Droits de Caen, avait
eu soin d'ordonner de nouveau : « qu'une somme
« notable, destinée pour les gages des régents et
« professeurs, serait réservée, pour être sur
« icelle pourvu et assigné gages à un personnage

_____

(1) Item, anno quolibet, in vigilia Nativitatis Domini, sabbato in
Ramis, et in vigilia Pentecostes, legentur publice per aliquem doctorem Facultatis decretorum certæ decretales, prout placuerit dictæ
Facultati, et quia dictis diebus nunquam legitur ordinarie in Facultate, convenient ibi notabiles viri ad audiendum illa quæ de fide
catholica et sacramentis Ecclesiæ tunc solemniter et discrete tracta-
buntur. *Modus in Facultate decretorum tenendus* (Manuscrits de la
Bibliothèque de la ville de Caen).

« de célèbre doctrine et érudition en la Faculté
« de Droit civil et canon, qui sera appelé des
« autres Universités fameuses. » Cette prescrip-
tion toutefois demeura sans effet. L'expérience
avait montré la difficulté de faire vivre en bon
accord les docteurs de notre école et ce professeur
étranger mieux rétribué que ses collègues. D'ailleurs, à partir de l'époque où nous sommes arrivés,
les jurisconsultes célèbres allaient prendre des
habitudes plus sédentaires et cesser d'engager
leurs services loin de leur pays natal, comme ils
le faisaient dans le siècle précédent.

La diminution du nombre de ses professeurs
ne paraît pas avoir nui à la prospérité de l'école
de Droit de Caen. Les chiffres que nous avons
transcrits plus haut, relativement aux réceptions
de licenciés, attestent qu'un grand nombre d'étudiants fréquentaient nos Facultés durant la première moitié du XVIIe. siècle. Nous avons constaté
de plus, en examinant le contenu des actes de
licence, que, lorsqu'on s'écarte des années qui
commencent ce siècle, les sujets de thèses devien-
nent sérieux, et ne roulent plus, comme cela
arrivait fréquemment en 1599, sur des propositions générales trop faciles à défendre. Enfin,
bien qu'il existât seulement quatre professeurs en
titre, on admettait, en ce temps, à donner un
enseignement auxiliaire dans les salles de l'école

ceux des simples docteurs qui en manifestaient le désir. Le Corps municipal parfois votait même des subventions annuelles à des jeunes gens de mérite, pour les récompenser de ces leçons supplémentaires (1).

Avec le retour de la vie scientifique au sein de nos Facultés, les réceptions de docteurs ès-Droits, jadis très-rares, étaient devenues fréquentes, et souvent l'on voyait ce grade brigué par des hommes déjà avancés en âge et parvenus à des positions élevées. C'est ainsi qu'en 1640, Pierre Halley, professeur d'éloquence et recteur de l'Université, reçut solennellement le bonnet doctoral, après une dispute brillante, par les mains du chancelier Séguier. Ce magistrat éminent, qui parcourait alors la Normandie récemment agitée par la révolte des Nu-Pieds, fit à notre école l'honneur insigne de venir siéger dans ses rangs, à l'effet de présider au soutien de la thèse que Pierre Halley lui avait dédiée (2).

(1) Les registres de l'Hôtel-de-Ville de Caen attestent que, durant les années 1625 et 1626, des gratifications de cent livres furent accordées, dans ce but, à Pierre de Blanchecape, jeune docteur ès-Droits.

(2) Huet, *Origines de Caen*, p. 392. Pierre Halley devait quitter notre ville peu de temps après sa réception. Grâce à la protection du chancelier Séguier, il fut pourvu d'une chaire de Droit canonique dans l'Université de Paris, privée jusqu'en 1679 de la Faculté de Droit civil. Huet lui attribue la gloire d'avoir fait refleurir dans cette grande école *l'étude des saints décrets*, délaissée en quelque sorte

Quelques années plus tard, la même dignité
académique était conférée à Daniel Huet, l'illustre
évêque d'Avranches. Il rapporte modestement
l'honneur de sa promotion à un autre Halley
(Henri), docteur-régent dans notre collége des
Droits : « Je lui dois, dit-il, mon institution dans
« la Jurisprudence et le bonnet de docteur que
« j'ai reçu de lui, dans la Faculté des Droits de
« l'Université de Caen. » A cette époque, en effet,
lors de la réception d'un docteur nouveau, l'usage
voulait qu'un des docteurs-régents en exercice
le prît sous son patronage, et le recommandât
aux suffrages des autres professeurs. C'est de
cette coutume ancienne, née des sentiments de
bienveillance particulière qu'éprouve un maître
pour quelques disciples de choix, qu'est venue
la pratique encore existante de la présidence
des thèses de diverse sorte par l'un des professeurs de la Faculté de Droit, devant laquelle
elles doivent être soutenues. Seulement, au XVIIᵉ.
siècle, à la différence de ce qui a lieu aujour-
d'hui, les professeurs n'argumentaient pas eux-
mêmes contre le récipiendaire. Ils se contentaient
d'être juges de la lutte engagée, à laquelle prenaient part tous les docteurs et licenciés qui

avant lui. Pierre Halley a laissé un ouvrage estimé sur les éléments du
Droit ecclésiastique (*Institutionum canonicarum* lib. IV. Paris, 1685).

voulaient se présenter. Pour être admis à concourir lors de la vacance d'une chaire, il fallait même avoir suivi assidûment ces sortes d'exercices pendant un temps déterminé (1).

(1) « Voulons que ceux qui prétendent être agrégés en ladite Faculté de Droit, soient tenus d'assister durant un an avec assiduité, en l'habit ordinaire de docteur, aux actes que l'on y soutient, et d'y disputer dans l'ordre qui sera prescrit à cet effet par le président. » Déclaration du Roi portant réglement pour les études de Droit, du 19 janvier 1700. Les registres de notre école au XVIIIᵉ. siècle contiennent un grand nombre de certificats délivrés à des docteurs en Droit, par application de cette ordonnance.

CHAPITRE VIII.

COMPÉTITIONS ARDENTES POUR LA NOMINATION AUX CHAIRES
VACANTES DANS LE COLLÉGE DES DROITS DE CAEN.

En présence des circonstances favorables que
nous venons d'énoncer, la position des professeurs de Droit de l'Université de Caen ne pouvait manquer de paraître infiniment plus digne
d'envie qu'elle ne l'avait été à la fin du siècle
précédent, lorsque leur école, presqu'entièrement dispersée, languissait dans l'atonie et dans
la solitude. Aussi leur existence était-elle devenue plus sédentaire qu'autrefois. Chacun d'entre
eux dorénavant dévouera sa vie entière à l'instruction de ses élèves. On ne les verra plus
abandonner l'enseignement au bout d'un temps
assez court, pour occuper ailleurs des siéges de
magistrature, ou bien encore pour aller prendre
au barreau de Rouen des positions lucratives.

Les honoraires des professeurs, jadis si pré-
caires, étaient devenus en même temps mieux
établis et plus convenables. Le Parlement de Normandie avait eu soin de les fixer avec certitude

par divers arrêts de réglement, rendus au commencement du XVIIe. siècle. Par cela même, il avait fait cesser la suprématie des officiers du Corps municipal de Caen sur les docteurs de l'Université, en ce qu'elle avait eu souvent auparavant d'exagéré et même d'humiliant. Cette autorité supérieure, à partir de l'époque où nous sommes arrivés, ne se manifeste plus guère que par l'obligation où sont les professeurs de venir tous les ans à l'Hôtel-de-Ville, le 1er. septembre, communiquer au maire et aux échevins, assemblés à cet effet, le programme de leurs cours, pour l'année nouvelle qui va bientôt s'ouvrir (1).

Grâce au rôle élevé dévolu dès-lors parmi nous à la *régence ès-Droits*, grâce aussi peut-être au caractère processif que la renommée attribuait, dans le même temps, à nos compatriotes, la mort d'un professeur devenait presque toujours l'occasion d'un procès retentissant engagé entre les docteurs qui aspiraient à le remplacer. Une des contestations judiciaires de ce genre les plus fameuses fut celle qui s'éleva, en 1634, entre Pierre de Blanchecape et Denys Le Pionnier. Cha-

(1) Un document contemporain nous apprend qu'en 1652, Mgr. le Duc de Longueville, gouverneur de la province de Normandie et grand-bailli de Caen, vint présider en personne cette assemblée annuelle du 1er. septembre, *voulant marquer par là la grande affection qu'il portait à notre Université.*

cun des contendants était un personnage considérable à des titres divers Denys Le Pionnier,
à la qualité de docteur ès-Droits, réunissait la
charge de procureur du roi au siége présidial de
Caen. Quant à Pierre de Blanchecape, après avoir
enseigné d'abord dans notre école à titre auxiliaire, il venait de parcourir les diverses Universités de la France pour se perfectionner dans
la science du Droit. Dans celle de Toulouse, célèbre entre toutes les autres, son savoir avait
paru avec tant d'éclat que les professeurs, Huet
nous l'apprend, lui avaient offert de le prendre
pour collègue (1).

Décidé à Caen en faveur de Blanchecape,
après un long concours, le débat ne devait pas
se terminer dans notre ville. Il y eut d'abord
appel du jugement des professeurs devant le
Parlement de Rouen, puis évocation de la cause
à Paris devant le Conseil du Roi. Là, Pierre de
Blanchecape obtint sur son rival un éclatant
triomphe. Le Conseil, en effet, délégua quatre
de ses membres pour présider à des épreuves
nouvelles, ouvertes entre les concurrents devant
la Faculté de décret de l'Université de Paris;
et celle-ci, réunie aux commissaires du Conseil,
décida, à l'unanimité des suffrages, que la

(1) *Origines de Caen*, p. 390.

sentence rendue à Caen devrait être maintenue (1).

Pierre de Blanchecape fut long-temps prieur de notre collège des Droits, dans lequel il professa près de quarante années, étant mort au mois de novembre 1673. Il eut, à ce qu'il paraît, durant sa longue carrière, divers démêlés avec ses collègues, notamment avec Jean de Guernon qui avait opiné contre lui lors de sa promotion, et avec Denys Le Pionnier, son antagoniste, devenu plus tard professeur à son tour. Il composa plusieurs ouvrages, estimés de leur temps, sur les principes du Droit romain et sur les matières les plus importantes de la Coutume de Normandie. Huart, dans son *Dictionnaire du Droit normand*, fait à Blanchecape le même reproche qu'à Tanneguy Sorin, celui de *s'être attaché à rapprocher les dispositions de la Coutume du Droit civil des Romains, plutôt qu'à les interpréter par celles de la féodalité qui en sont le principe.*

Les mêmes phases qui avaient signalé la nomination de ce professeur se reproduisirent à peu près, en 1640, pour Henri Halley, qui eut à défendre devant le Parlement de Normandie l'opinion

---

(1) Requête imprimée, présentée, en 1654, par l'Université de Caen au Parlement de Paris.

des docteurs de notre collége des Droits qui lui avait été favorable. Son principal compétiteur et adversaire était un docteur Mathieu Gohier, à l'égard duquel aucune autre particularité ne nous a été transmise (1).

Le Parlement, à l'inverse, en 1658, devait réformer comme sévère à l'excès la décision rendue à Caen par les professeurs de Droit, à l'occasion d'un concours nouveau sur lequel ils venaient de statuer. Appelés à remplacer Michel Le Boucher, sieur de La Couture, mort à la fin de l'année précédente après un professorat de près de soixante années (2), ils n'avaient jugé digne de siéger dans leurs rangs aucun des nombreux concurrents qui s'étaient présentés. Deux de ces derniers, Michel Le Gras et Jean Le Courtois, ayant formé appel devant le Parlement, la Cour ordonna immédiatement l'ouverture, à Rouen, d'un concours définitif. Bientôt la lutte s'ouvrit dans une des salles du couvent des Carmes. Une

(1) Archives de la Préfecture du Calvados : registres des réceptions de licenciés, année 1640. Gohier demandait subsidiairement à la Cour le rétablissement, en sa faveur, de la cinquième place de docteur-régent supprimée en 1609. Sa réclamation fut rejetée par arrêt du 25 février 1642.

(2) Michel Le Boucher avait été recteur de l'Université dès l'année 1600, époque à laquelle il était nécessairement fort jeune. Telle était, du reste, la coutume reçue dans l'Université de Caen, pour les professeurs laïques promus au rectorat. Un usage antique, constamment observé jusqu'en 1791, ne rendait éligibles à cette haute

commission du Parlement, que présidait le premier président Faucon de Ris, avait été désignée pour rendre le jugement à intervenir, en présence des professeurs de Caen appelés à cet effet dans la capitale de la Normandie. Le résultat de ces épreuves solennelles fut la nomination de Michel Gonfrey, originaire de St.-Lo, âgé seulement de 24 ans. Les deux contendants principaux avaient été rejetés ; un autre, plus heureux, profitait de leur appel, demeuré inutile en ce qui les concernait (1).

Michel Gonfrey est cité par Huet comme *ayant excellé dans les belles-lettres et la poésie latine dont il fit ses premières et plus agréables occupations, tout en remplissant dignement son emploi de professeur ès-Droits* (2). Neveu du célèbre abbé de Saint-Martin, dont l'originalité excentrique a perpétué le souvenir dans notre ville, il figure dans la *Mandarinade* de Gabriel Porée, qui oppose à la sotte vanité de l'oncle l'esprit et la grâce qui distinguaient Gonfrey (3).

dignité académique que les célibataires, réputés par ce seul fait appartenir aux ordres inférieurs du clergé. Par suite, lorsqu'un jeune homme de mérite venait d'obtenir une chaire importante, on se hâtait de le nommer recteur avant qu'il se fût marié.

(1) Voir aux pièces justificatives, n°. 10, l'arrêt du Parlement du 4 septembre 1658, adjugeant la chaire vacante à Michel Gonfrey.

(2) *Origines de Caen*, p. 440.

(3) Ce livre curieux dont l'auteur, homme de talent lui-même,

Le renom de poésie et de bon goût, qui venait s'attacher de la sorte à l'un des docteurs de notre école de Droit, n'a rien qui doive surprendre. Cette époque du XVIIe. siècle où nous sommes parvenus fut, pour la ville de Caen, un véritable âge-d'or au point de vue littéraire. Ses habitants se montraient alors passionnés pour tous les genres de poésie ; et les luttes annuelles du *Puy du Palinod* rendaient plus actif encore ce culte général pour la manifestation de la pensée sous la gracieuse enveloppe des vers. On appelait du nom de Palinod un concours de poésie latine et française ouvert, chaque année, le 8 décembre, en l'honneur de la Conception immaculée de la Sainte Vierge. Les pièces de vers présentées à ce concours pouvaient rouler sur des sujets profanes, mais elles devaient se terminer invariablement par quelques strophes en l'honneur de Marie. Toutes les Facultés de l'Université suspendaient, dans ce temps, leurs leçons pendant la semaine suivante, nommée *semaine Palinodiale*. On voulait que les

était frère du jésuite célèbre auquel Voltaire a dédié son *Œdipe*, contient le récit d'une ambassade burlesque que le roi de Siam était censé envoyer à l'abbé de Saint-Martin, ancien recteur de l'Université de Caen, auteur d'un grand nombre d'ouvrages de médecine et d'économie politique. Les personnages les plus notables de Caen et la famille de Saint-Martin elle-même participèrent à cette plaisanterie que prenait au sérieux le héros de la fête, et qui, plusieurs jours durant, mit en mouvement la cité tout entière.

professeurs, auxquels appartenait de droit le jugement de la lice, pussent donner entièrement leurs
soins à l'examen des ouvrages qui leur étaient
présentés (1).

A la tête de ceux de nos compatriotes qui culti-
vaient les lettres avec le plus d'éclat, se plaçaient
incontestablement deux hommes, dont les noms
ne sont pas encore oubliés aujourd'hui : Jean de
Ségrais pour les vers français, et Antoine Halley,
professeur royal d'éloquence en la Faculté des Arts,
pour la poésie latine, très-recherchée dans ce
temps. Le collége des Jésuites, incorporé à l'Université, apportait aussi dans notre ville son contingent d'humanistes célèbres. On y vit professer
successivement, en moins d'un demi-siècle, les
PP. Sanadon, Brumoy, Porée et André. La Compagnie, en envoyant à Caen des érudits d'un aussi

(1) Un calendrier latin de l'Université de Caen, pour 'année 1627,
décrit ainsi les solennités qui s'accomplissaient dans son sein, à
l'occasion de la fête de la Conception : « 8 déc. Concept o B. M. Vir-
« ginis; festum solemne Universitatis. Hac die habetur oratio publica
« ex cathedra ecclesiæ fratrum Minorum, qua finita, fit processio,
« et missa solemnis celebratur per doctorem theologiæ aut juris canonici,
« modulantibus organis. Eadem die, post meridiem, aperitur podium
« seu theatrum in aula publica Academiæ, in gratiam poetarum qui
« Conceptionis Deiparæ Virginis puritatem versibus, seu latinis seu
« gallicis, illustrarint. » En 1721, un réglement nouveau sur le *Palinod*
décida qu'à l'avenir l'Université élirait, chaque année, quatre juges
seulement, lesquels statueraient souverainement sur les prix à dé-
cerner à la suite de ce concours.

grand mérite, attestait évidemment, par cela même, quelle importance possédait à ses yeux l'établissement d'éducation qu'elle y entretenait, et dont il lui fallait soutenir le renom contre la concurrence toujours ouverte des autres colléges de l'Université.

Le voisinage de ces études actives, bien qu'elles fussent différentes de celles auxquelles ils se livraient eux-mêmes, ne pouvait manquer de profiter beaucoup aux maîtres et aux élèves de nos Facultés de Droit. C'est une des lois du monde moral que la diligence et l'atonie, la paresse et le zèle pour le travail, se transmettent de proche en proche par une sorte de contagion morale. D'ailleurs, la Jurisprudence romaine et canonique offre tant de points de contact avec les belles-lettres et la poésie latines, qu'elle ne saurait trouver indifférents ceux qui ressentent pour celles-ci une passion véritable.

Les registres d'inscriptions n'existant pas encore, nous ne pouvons connaître, avec une exactitude absolue, quel était le nombre des écoliers qui fréquentaient notre école de Droit vers 1650. Cependant, ayant constaté 89 réceptions de licenciés pour cette année-là même, il est évident que ce nombre devait s'élever à peu près à 300, puisque les études pour la licence duraient régulièrement, comme aujourd'hui, trois années entières.

Ce nombre d'étudiants, si considérable par lui-même, était assurément bien supérieur à celui que pouvaient présenter, dans le même moment, la plupart des autres Universités de la France. Et cependant, en 1654, l'Université de Caen eut à défendre devant le Parlement de Paris les prérogatives de son collège des Droits, un instant sérieusement menacées. L'année précédente, en effet, les gens du roi de cette Cour s'étaient opposés à ce qu'elle admît au serment d'avocat de jeunes licenciés reçus dans notre école. Ils appliquaient à tort à celle-ci des arrêts antérieurs du Parlement qui notaient certaines Universités peu florissantes, où les grades, à ce qu'il paraît, s'obtenaient avec une facilité vraiment scandaleuse. De plus, pour contester à l'Université de Caen son titre d'*Université fameuse* qui, une fois reconnu, l'eût rendue apte à conférer des degrés académiques valables en tous lieux, ils objectaient sa création émanant d'un roi d'Angleterre. Cette circonstance, à les entendre, rendait à peine tolérable l'existence des corporations enseignantes établies à Caen, et tout au moins elle réduisait la sphère de leur compétence à la seule province de Normandie.

Nous avons sous les yeux la requête présentée au Parlement de Paris, par l'Université de Caen tout entière, en réponse à ces assertions dénuées de vérité (1). Notre Université commence par établir que le vice originel de sa fondation a été amplement réparé par les édits de Charles VII et de Louis XI, qui ont solennellement ratifié l'œuvre du monarque anglais. Toujours, depuis la restauration en Normandie de l'autorité des rois de France, l'Université de Caen a joui sans obstacles des mêmes priviléges qu'obtenaient. autour d'elle, les corps enseignants les plus favorisés. C'est ainsi qu'en 1533, un arrêt du Grand-Conseil est venu décider que les ecclésiastiques, ayant étudié dans son sein, pourraient réclamer, dans toute l'étendue du royaume, l'expectative des bénéfices attribués par les canons des Conciles. aux gradués des Universités légalement reconnues par les deux puissances temporelle et spirituelle.

Passant de là à la position qu'occupent dans ses rangs les docteurs des deux Facultés de Droit canonique et civil, dont les attributions sont particulièrement mises en litige, l'Université de Caen fait valoir la dignité de vie de ces professeurs, leurs travaux scientifiques, la considération qui les environne, leur sévérité enfin à remplir les devoirs de leur charge. Loin de se montrer indulgents à

(1) Ce document important fait partie de la bibliothèque de M. Travers.

l'excès, comme on paraît le supposer, souvent, dit-
elle, on les a vus, dans le cours d'une année,
ajourner jusqu'à trente candidats parmi les aspirants à la licence qui se présentaient devant eux.
Les écoliers du collége des Droits, qui sont en
très-grand nombre, viennent de tous les points de
la France; beaucoup même sont originaires des
contrées étrangères. Refuser, dans les autres Parlements, la confirmation de leur titre à ceux de ces
jeunes gens qui auront satisfait aux épreuves exigées, ne serait-ce pas en quelque sorte fermer
nos écoles, au grand détriment du bien public et
contrairement à la volonté expresse des papes et
des rois de France qui tant de fois ont encouragé
leurs travaux ?

Le collége des Droits de Caen, à l'appui de ces
moyens, envoya à Paris ses registres de réceptions
de licenciés. On y trouve, en effet, une mention
de cet envoi à la date du 25 avril 1654 (1). Une
demande aussi équitable ne pouvait manquer d'obtenir un plein succès. Loin qu'on lui contestât à
l'avenir son titre d'*Université fameuse*, notre Uni-

(1) Hæc quatuor folia, quibus continentur nomina licentiatorum, a
die 25ª. mensis aprilis anni præsentis 1654, ad diem 13.ᵐ. junii anni
supradicti, addita fuerunt, in causa quod prædicta registra Lutetiam
Parisiorum transportata fuerunt, ut exhiberentur Senatui, apud quem
oportebat fidem fieri de eorum veritate (Archives de la Préfecture du
Calvados).

versité était placée presque toujours immédiatement après celle de Paris, dans les documents
publics ou privés de ce temps. De là , sa prétention
à s'intituler *fille cadette de nos rois*, dont l'Université de Paris, on le sait, se disait la *fille aînée*.

CHAPITRE IX.

INNOVATIONS APPORTÉES A LA CONSTITUTION DES ÉCOLES
DE DROIT PAR L'ORDONNANCE ROYALE DE 1679.

Nous n'avons découvert la trace d'aucun événe-
ment de quelque importance accompli dans le
collége des Droits de Caen, durant la période qui
s'écoule entre la date de cette ordonnance et l'année 1658 qui vit finir les procès divers que nous
venons de raconter. Nous avons constaté seulement, par l'examen du registre des réceptions
de licenciés, que le nombre de ceux-ci, et avec
lui sans doute la prospérité de nos Facultés, s'ac-
croissent sensiblement quand les troubles de la
Fronde ont cessé. Ce nombre en effet, qui était de
89 en 1650, s'élève à 105 et à 114, en 1660 et en
1661. Il redescend à 85 en 1672, époque de la
guerre de Hollande, pour remonter à 113 en 1679,
après la paix de Nimègue. Toujours, dans notre
ancienne école de Droit, nous l'avons vérifié, le
chiffre des étudiants diminue avec les temps de
crise et les malheurs de la patrie. C'est ainsi qu'à
la fin du XVIIe. siècle, la révocation de l'édit de

Nantes et les guerres trop multipliées de Louis
XIV feront fuir de l'Université de Caen les étudiants belges et hollandais qui s'y rendaient en
grand nombre quelques années plus tôt. On voit
disparaître à peu près, à cette époque, des registres de notre école, ces noms à physionomie étrangère et quelque peu barbare qu'on aimait à y ren-
contrer auparavant.

En 1679, ces influences défavorables ne s'é-
taient pas encore produites. Les études de Droit,
tout l'atteste, étaient placées sur des bases convenables dans notre Université, et nul abus criant
ne s'y faisait sentir. Mais il n'en était pas ainsi
de toutes les autres écoles de la France. Dans
beaucoup d'entre elles, au contraire, les arrêts
du Parlement de Paris dont nous parlions tout à
l'heure l'ont déjà fait pressentir, l'enseignement
était désorganisé et les pratiques les plus vi-
cieuses avaient cours. C'est ce que l'on voyait
notamment dans la célèbre Université de lois
d'Orléans, déchue alors de son ancienne splendeur.
Le nombre des étudiants sérieux y était tombé
presque à néant. Le plus souvent les grades étaient
conférés à la hâte à des jeunes gens qui, pour
les obtenir, se contentaient d'une apparition in-
signifiante dans l'école complice de leur paresse (1).

_____

(1) *Histoire de l'Université d'Orléans*, par M. Bimbenet, p. 264.

Le pouvoir royal, si ferme alors, dut remédier à ces désordres et restaurer, sur toute l'étendue du territoire de la France, les fortes études de Droit qui se lient intimement à la bonne administration de la justice. De là, l'édit du mois d'avril 1679, complété par plusieurs déclarations ultérieures, dont les plus importantes portent la date des 6 août 1682, 17 novembre 1690 et 19 janvier 1700. L'ensemble de ces mesures, malgré des imperfections que nous signalerons, nous a paru marqué d'un caractère de sagesse et de prévoyance incontestables. Nous avons peine à comprendre l'improbation éclatante dont elles sont l'objet dans l'ouvrage estimable publié récemment par M. Bimbenet (1).

Le premier soin de Louis XIV et du chancelier Le Tellier, dans l'édit de 1679, est de ramener au sein des Facultés de Droit ces études patientes et suivies sans lesquelles l'admission aux degrés ne serait presque jamais qu'une sorte de comédie

(1) C'est à tort également que M. Bimbenet (p. 262 de son ouvrage) paraît croire que l'ordonnance de 1679 exigea, pour la première fois, le titre de licencié en Droit, pour les fonctions du barreau et celles de la magistrature. Nous avons cité précédemment un arrêt du Parlement de Normandie du 27 avril 1569, qui remet en vigueur dans notre province cette règle un instant méconnue. *Les recherches* de Pasquier (liv. IX ch. 38) attestent qu'elle était observée de son temps dans la France entière. On y lit ces paroles formelles : « De là est venu que « nul n'est reçu au serment d'avocat, ni d'officier de judicature ès- « siéges royaux, qu'il n'ait ses lettres de licence. »

stérile. Deux années d'assiduité aux cours des professeurs sont exigées, comme aujourd'hui, pour le baccalauréat; il en faut trois pour la licence, et quatre pour le doctorat. Pour établir la preuve de leur assiduité, les élèves devront obtenir de leurs maîtres des certificats de présence; ils devront de plus s'inscrire, tous les trois mois, sur un registre tenu double par le secrétaire-greffier de chaque école. L'un des doubles de ce registre restera déposé aux archives de l'Université; l'autre sera envoyé, à la fin de chaque année, au greffe du Parlement du ressort, afin que le contrôle des magistrats supérieurs prévienne toute antidate, toute inscription de complaisance.

La nécessité pour les étudiants, à la clôture de chaque cours, de subir un examen spécial sur les matières que le professeur a enseignées, vient compléter des précautions si louables. Ces examens sont indépendants du soutien des thèses exigées dans les anciennes écoles pour les trois degrés de bachelier, licencié et docteur; ils doivent même toujours précéder ce soutien.

Rien de plus sage assurément que ces dispositions, et nous ne saurions douter qu'elles n'aient produit, dans leur application, un effet salutaire. Ce que l'on pourrait seulement reprocher au gouvernement dont elles émanaient, c'est de ne pas en avoir maintenu l'exécution avec une fermeté convenable ; c'est d'avoir autorisé lui-même, en ce qui le concernait, des dérogations pleines d'inconvénients. Tel fut le caractère de la déclaration du 6 août 1690, qui permettait aux aspirants à la licence, âgés de plus de 24 ans, de se contenter de six mois d'études, pour parvenir à ce grade. Tel fut également celui de nombreuses dispenses individuelles, accordées jusqu'en 1789, par le chancelier de France, à des candidats vus favorablement en haut lieu et qui trouvaient bon de ne pas s'astreindre à la discipline ordinaire.

Les mesures que nous venons de décrire ne faisaient que raffermir l'état de choses existant précédemment dans les écoles de Droit. L'ordonnance de 1679 contenait en outre deux innovations importantes, et chacune d'elles, à notre estime, était singulièrement digne d'approbation.

Le premier de ces changements concernait la création d'une chaire de Droit français dans toutes les Universités du royaume. Jusque-là, les Facultés de Droit s'étaient bornées à enseigner exclusivement le Droit canonique de l'Église catholique et le Droit civil des Romains. Quelques professeurs, il est vrai, expliquaient à leurs élèves, dès avant l'ordonnance de 1679, les *Libri feudorum*, Coutumier lombard du XIIᵉ. siècle. Déjà nous avons fait cette remarque pour

8

le collége des Droits de Caen ; il en était également de la sorte dans l'Université de Bourges, à
l'époque du professorat de Cujas (1). Mais l'inser-
tion constante de ce code de la féodalité primitive
dans le volume des lois romaines avait paru
l'incorporer à celles-ci, et lui communiquer un
caractère antique.

La législation civile usuelle de la majeure
partie de la France, telle qu'elle se trouvait
contenue dans les Coutumes diverses et les ordonnances de nos rois, continuait de demeurer
étrangère aux leçons des docteurs de nos écoles.
Cette omission se concevait très-bien au XVe.
siècle, quand les Coutumes étaient encore dans
leur âge d'imperfection et d'enfance. Au XVIe.
siècle, elle excitait déjà des réclamations nombreuses (2) ; au XVIIe. enfin, elle n'était plus
tolérable. Alors, en effet, depuis long-temps, les
Coutumes avaient reçu leur rédaction définitive
sanctionnée officiellement par l'autorité royale. Un
grand nombre de jurisconsultes distingués s'é-
taient efforcés en même temps, par des études
patientes, de les rapprocher les unes des autres.

L'importance de la chaire nouvelle créée par

(1) *Histoire du Berri*, par M. Raynal, t. IV, p. 395 et 430.

(2) Telles sont notamment les plaintes formulées par François
Hotman, dans son *Antitribonian*, ouvrage destiné, en quelque
sorte, à battre en brèche les lois romaines que ce professeur enseignait.

Louis XIV fut, selon nous, très-grande au point de vue du perfectionnement de nos lois nationales. Son enseignement invita des esprits d'élite à méditer sur la fusion en un tout unique des principes du Droit coutumier et des règles du Droit romain. Il prépara évidemment la rédaction du Code Napoléon, en donnant naissance aux traités de Pothier, l'illustre professeur de Droit français de l'Université d'Orléans (1).

Vingt ans plus tard, la nécessité de faire au Droit français une place digne de l'utilité qu'on 'en attendait amena la déclaration royale du 19 janvier 1700, qui établissait, dans nos anciennes écoles, un ordre d'études suivi constamment par elles jusqu'à leur suppression. Les étudiants de première année, aux termes de cette ordonnance, étaient astreints à suivre un cours unique sur les *Institutes* de Justinien. En seconde année, trois cours étaient imposés aux élèves : l'un d'eux devait porter sur l'explication d'une portion des Pandectes et du Code, le deuxième sur l'interprétation

---

(1) M. Benech, de regrettable mémoire, a composé une notice historique pleine d'intérêt sur les anciens professeurs de Droit français de l'Université de Toulouse. Ces professeurs, dont le plus marquant fut assurément François de Boutaric, ont été au nombre de dix, dans l'intervalle écoulé depuis l'année 1679 jusqu'en 1793. Dans l'école de Caen, plus favorisée sous ce point de vue, quatre professeurs de Droit français seulement se sont succédé pendant le même laps de temps.

du Décret de Gratien, le troisième enfin sur les
Paratitles, ou analyse succincte, des Décrétales de
Grégoire IX. Ce dernier cours, élémentaire de
sa nature, eût été bien mieux placé, ce semble,
en première année, à côté du cours d'Institutes.
Pour la troisième année enfin, venait le cours de
Droit français, dont la fréquentation devait mar-
cher de front, au choix de l'étudiant, soit avec un
cours de Droit canonique, soit avec un cours de
Droit romain.

Les ecclésiastiques seuls, aux termes de cette
ordonnance, pouvaient prendre des degrés en
Droit canonique exclusivement. Pour tous les
autres élèves, l'explication des Canons de l'Église
et celle des lois romaines étaient placées constamment l'une à côté de l'autre dans les examens
et dans les thèses. Quant au Droit français nouvellement introduit, il ne figurait pas dans les
thèses toujours soutenues en latin ; mais il existait, en ce qui le concernait, un examen spécial
et solennel que les aspirants à la licence devaient
subir à la fin de leurs études. Pour être admis
au serment d'avocat, ou bien encore pour être
reçus à quelque charge de judicature, il leur
fallait, en exhibant leurs lettres de licence, y
joindre une attestation favorable du professeur
de Droit français relative à cet examen.

Le professeur de Droit français, du reste, avait

un rôle à part, dans la réunion des docteurs de l'école. Son traitement était fourni par le trésor royal. Il était nommé directement par le roi et sans aucun concours, sur la présentation du procureur-général du Parlement du ressort. Enfin, quelle que fût la date de son admission, il prenait toujours le second rang après le prieur ou doyen, mais avant les autres docteurs-régents.

La seconde des innovations introduites par l'édit de 1679 était l'augmentation du corps des professeurs dans chaque école de Droit, grâce à l'adjonction de docteurs agrégés, nommés en nombre égal à celui des régents. Désignés d'abord par les intendants, les agrégés ne tardèrent pas à être élus par la voie du concours (Déclaration du 19 janvier 1700). La mission qui leur était dévolue consistait principalement à seconder les professeurs dans les examens et dans les thèses ; ils étaient en même temps appelés à les suppléer dans leurs chaires, en cas d'empêchement ou d'absence.

Les agrégés pouvaient donner des répétitions aux élèves ; mais il leur était défendu, sous une peine grave (trois mille livres d'amende), de professer pour leur propre compte. Cette disposition sévère de l'édit de Louis XIV s'appliquait à plus forte raison aux simples docteurs. Jusque-là, au contraire, dans toutes les écoles, ceux-ci avaient obtenu l'autorisation de faire pour les étudiants des leçons

supplémentaires. Dans l'Université de Caen en
particulier, un arrêt encore récent du Parlement
de Normandie, du 25 juin 1642, permettait expressément *à tous docteurs ès-Droits de faire lectures et leçons publiques, aux heures extraordinaires et autres que les régents ordinaires, sans
prendre émolument, salaire ni gages.*

L'introduction des agrégés au sein des Facultés
de Droit et leur participation à tous les actes de
celles-ci ne manquèrent pas d'amener des contestations entre eux et les professeurs titulaires,
qui craignaient de voir leur influence absorbée
par celle de leurs nouveaux collègues, habituellement les plus nombreux. La déclaration du 19
janvier 1700 tendit, entre autres objets, à pacifier
ces différends. Elle décida qu'on appellerait aux
délibérations des Facultés les plus anciens agrégés
seulement, de manière que leur nombre ne se
trouvât jamais dépasser celui des docteurs-régents.
En cas d'égalité de suffrages, le professeur président obtenait la voix conclusive, ce qui donnait
autorité prépondérante au corps dont il faisait
partie. Du reste, avec ces restrictions, les agrégés,
dans les anciennes écoles, étaient toujours admis à
côté des professeurs parmi les juges des concours
ouverts pour pourvoir aux chaires vacantes, sous la
condition, bien entendu, qu'ils ne figureraient pas
eux-mêmes au nombre des concurrents.

Les mesures diverses que nous venons de décrire reçurent une application presqu'immédiate dans le collége des Droits de l'Université de Caen. Les docteurs agrégés furent installés, le 9 février 1684, par M. de Méliand, intendant de la Généralité de Caen. Ces fonctionnaires nouveaux étaient au nombre de huit, proportion très-forte qu'ils devaient conserver jusqu'à la fin. Huet nous apprend qu'il se rencontrait parmi eux un savant distingué, mort bientôt après presqu'à la fleur de l'âge (1). C'était Guillaume Pyron, professeur d'éloquence grecque, auteur d'un commentaire estimé sur le poète latin Claudien. Il succomba, à ce qu'il paraît, par suite des travaux trop opiniâtres qu'il avait entrepris pour se perfectionner dans la science des lois à laquelle il s'était livré tardivement. Guillaume Pyron avait été élu deux fois recteur de l'Université, dans les années 1668 et 1673. La Bibliothèque de la ville de Caen possède deux discours latins composés par ce professeur dans chacun de ses rectorats, pour dénoncer à la censure de l'Université les écrits de certains théologiens du temps qui reconnaissaient encore aux papes le droit de disposer des couronnes et de déposer les rois.

Le premier professeur de Droit français dans notre école fut le sieur Jean Le Courtois, ancien

---

(1) *Origines de la ville de Caen*, p. 405.

avocat au Parlement de Normandie. Sa chaire,
après lui, fut occupée successivement par Gilles
Le Coq en 1695, par Jacques Crevel en 1719,
enfin par M. Roussel de La Bérardière en 1762.
Parmi ces professeurs, les trois premiers figuraient en même temps au nombre des agrégés,
tant l'enseignement du Droit français paraissait
constituer une spécialité à part, naturellement
étrangère aux travaux des autres docteurs.

Nous avons trouvé complètement intacts, aux
Archives du département du Calvados, les registres d'inscription des élèves, qui commencent
avec le trimestre de novembre 1679, et qui finis-
sent à celui de juillet 1793. Chaque inscription
est rédigée en latin ; elle est écrite et signée par
celui qui la prend ; elle contient de plus, comme
aujourd'hui, la mention du domicile de ses pa-
rents et l'indication de sa résidence à Caen (1).
Les registres d'admission aux degrés divers, ceux
d'enregistrement des certificats de présence et
de tirage au sort des matières de thèses, se
trouvent au même dépôt ; ils ont été tenus,
pendant tout ce temps, avec une régularité par-
faite. Quant aux registres des délibérations intérieures du collège des Droits, ils semblent ne

(1) Parmi les pièces justificatives qui terminent ce travail, nous
transcrivons la plus ancienne et la plus récente des inscriptions reçues
autrefois dans l'école de Caen (N°. 11).

plus exister dans leur entier. Nous en avons
découvert uniquement quelques cahiers épars, tous
relatifs au XVIIIe. siècle. Ces cahiers sont déposés
actuellement dans les archives de l'Académie
universitaire de Caen (1).

A ces innovations dans la constitution de leur
école, ordonnées par l'autorité souveraine, les
professeurs de Caen, à la même époque, tentè-
rent, mais sans succès, d'en ajouter une autre.
Le collége des Droits, depuis long-temps, n'avait
pas de greffier qui lui fût propre ; il employait
le greffier général de l'Université pour percevoir
les rétributions dues par les élèves, et aussi
pour délivrer à ceux-ci les attestations pres-
crites par les réglements. Plusieurs fois déjà, les
professeurs de Droit avaient voulu changer cet
état de choses, dont les inconvénients, ce semble,
étaient manifestes, et qui d'ailleurs était contraire
aux statuts de 1498 que nous avons cités plus
haut. L'habitude reçue, jointe à l'opposition des
autres corps de l'Université, avait toujours apporté des obstacles insurmontables à cette prétention, lorsqu'en l'année 1696, une circonstance

_____

(1) L'inventaire des registres et papiers de l'Université de Caen, dressé
en 1791 lors de sa dispersion, paraît attester que, dès cette époque,
il ne se rencontrait pas de registres des délibérations des Facultés de
Droit antérieurs à 1704.

fortuite et singulière vint engager les professeurs à renouveler leurs tentatives.

Le lendemain de la fête de l'Ascension, le greffier général de l'Université, vieillard de 72 ans, fut trouvé le matin garrotté dans son lit. Sa caisse venait d'être forcée, et, par suite, il avait perdu une somme considérable dont il était dépositaire pour le compte des membres du collége des Droits. Que s'était-il passé durant la nuit dans la maison du sieur Gabriel Marie (tel était le nom de ce greffier) ? Des brigands audacieux, selon sa déclaration, étaient entrés à petit bruit dans sa chambre ; puis, lui mettant le poignard sur la gorge pour l'empêcher d'appeler au secours, ils lui avaient lié les bras et les jambes.

Assurément Marie, si cette assertion était vraie, n'était pas responsable du vol commis chez lui. Mais il s'était rencontré des personnes qui, à tort peut-être, avaient refusé d'ajouter foi à ces incidents dramatiques. Le greffier de l'Université, à les entendre, avait lui-même apposté les prétendus voleurs ; il avait machiné une fraude odieuse dans le but de s'approprier les deniers dont il était comptable. Les professeurs de Droit s'emparèrent avec avidité de ce bruit injurieux et, se hâtant d'élire un greffier spécial à leur école, ils lui remirent les registres qu'ils étaient parvenus à enlever au sieur Marie.

Cependant, ce dernier ne devait pas laisser passer sans réclamations énergiques le démembrement des fonctions qui lui étaient confiées. Il assigna presqu'immédiatement les professeurs des Facultés de Droit devant le Parlement de Normandie, tandis que ceux-ci, à leur tour, le citaient lui-même à comparaître devant le Conseil d'État. Nous avons sous les yeux de volumineux mémoires publiés par Gabriel Marie, dans lesquels il attaque avec une véhémence extrême l'innovation tentée par les membres du collége des Droits (1). Cette volonté de leur part, s'il faut l'en croire, est au plus haut degré contraire à l'intérêt public et au bon ordre des études. Une fois les professeurs pourvus d'un greffier à leur discrétion, ils auront un moyen facile pour décliner tout contrôle, et pour faire sanctionner par ce fonctionnaire les illégalités, les exactions même qu'il leur plaira de commettre.

De quelque côté que la vérité se trouvât placée, l'affaire ne tourna pas à l'avantage des professeurs de Droit. Les trois Facultés de Théologie, de Médecine et des Arts ayant pris parti pour le sieur Marie; l'évêque de Bayeux, chancelier de l'Université, les évêques de Coutances et de Lisieux, conservateurs apostoliques de ses priviléges,

(1) Bibliothèque de M. Travers.

s'étant prononcés dans le même sens, la prétention des membres de l'école de Droit ne put résister
à tant d'adversaires. Un seul greffier, comme par
le passé, continua d'enregistrer tous les actes des
diverses corporations académiques. Tel était
l'attachement que l'Université de Caen portait à
cette pratique qu'elle survécut parmi nous à un
édit du Roi, du mois de février 1704, créant, dans
toutes les Facultés des Universités du royaume,
une charge héréditaire de *conseiller, greffier-
secrétaire* et *garde des archives de ladite Faculté.*
Cette création n'ayant qu'un but fiscal, notre
Université, pour en empêcher l'exécution, préféra
acquérir et réunir lesdits offices, en en payant
la finance, comme l'édit lui-même le permettait.

CHAPITRE X.

ÉTAT DE L'ÉCOLE DE DROIT DE CAEN AU XVIIIᵉ. SIÈCLE.

Notre école, pendant le XVIIIᵉ. siècle, vit, sans interruption, de nombreux élèves fréquenter ses leçons. Ce fut sans doute à cette circonstance favorable qu'elle dut son rétablissement en 1804, tandis que d'autres Universités de lois plus célèbres, il faut l'avouer, allaient disparaître sans retour à la suite de la révolution de 1789. Telles furent les écoles d'Orléans, de Bourges, de Valence, devenues presque désertes au moment de leur chute.

En prenant au hasard un certain nombre d'années depuis le mois de novembre 1679, époque où commencent les registres d'inscriptions, jusqu'à l'année 1788, nous avons constaté les résultats suivants. Nous devons prévenir seulement que les chiffres que nous indiquons sont exclusivement relatifs au trimestre de novembre. Or, à cette époque comme aujourd'hui, ce trimestre donnait toujours un peu plus de noms que les suivants. Chaque année, en effet, un certain nombre de jeunes gens, auxquels la vocation vient à faire défaut, abandonnent l'étude du Droit qu'ils ont commencée, après avoir pris une ou deux inscriptions.

Il y avait en novembre 1682, dans les Facultés de Droit de l'Université de Caen, 268 étudiants. Il s'en rencontre 213 en 1688, 174 en 1692, 184 en 1700, 210 en 1710, 237 en 1719, 227 en 1734, 234 en 1742, 235 en 1759, 200 en 1765, 276 en 1773, 248 en 1780, 229 en 1785, 239 enfin en 1788. Vers le même temps, dans l'Université d'Orléans, M. Bimbenet nous l'apprend, le nombre des écoliers inscrits ne dépassait pas 83 en 1713, 75 en 1717, 77 en 1741 (1).

Les inscriptions dans notre école, au siècle dernier, étaient d'ailleurs toutes sérieuses et prises à leur date véritable. Un savant professeur de la Faculté moderne de Paris, M. Berryat-Saint-Prix, reproche aux Universités anciennes de la France d'avoir admis à cet égard une pratique vicieuse que l'on ne saurait trop flétrir, si réellement elle s'est rencontrée quelque part (2). Partout, à l'entendre, on souffrait autrefois que les candidats à la licence, sur le point de soutenir leurs thèses, écrivissent rétrospectivement leurs noms sur des

(1) *Histoire de l'Université d'Orléans*, p. 411.
(2) *Discours sur l'enseignement du Droit en France.* Paris, 1838.

registres préparés dans ce but. Souvent par ce moyen, l'on voyait un jeune homme, dont l'unique mérite consistait à payer exactement les rétributions académiques, obtenir, dans l'espace de quelques jours, les grades de bachelier et de licencié en Droit, sans qu'il eût jamais suivi les cours de l'école, ni même résidé dans la ville où ces cours se donnaient.

Les investigations que nous avons dû entreprendre réfutent cette accusation si grave, du moins en ce qui touche le collége des Droits de Caen. Si fréquemment les douze inscriptions de chaque étudiant eussent été prises en une seule fois, bien souvent aussi elles reviendraient dans le même ordre sur les registres qui les contiennent. Toujours encore, dans cette hypothèse, les différents trimestres d'une année offriraient le même nombre d'élèves. Or, il en est différemment, nous l'avons vérifié. Le trimestre de novembre présente constamment plus de noms que les trois autres ; et, sur une série de douze registres, on ne trouve jamais d'inscriptions s'échelonnant respectivement dans un ordre identique.

Les autorités judiciaires d'ailleurs s'acquittaient parmi nous régulièrement, au dernier siècle, de la surveillance que leur imposaient les édits du Roi sur la tenue régulière des registres d'inscriptions. Ces registres , à la fin de chaque trimestre , étaient toujours visés et arrêtés par le lieutenant-général du bailliage de Caen , conservateur royal des priviléges de l'Université. Nous avons trouvé en outre, parmi les procès-verbaux des délibérations des Facultés de Droit, des lettres des avocats-généraux du Parlement de Rouen, qui se plaignent de la présence sur les registres de certaines inscriptions dont la latinité vicieuse semble attester, chez les jeunes gens dont elles émanent une ignorance extrême.

La seule irrégularité, fâcheuse sans doute, que nous ayons recueillie relativement à la tenue des registres d'inscriptions du collége des Droits de Caen , consiste dans le retard que l'on apportait habituellement à les clore, dès le commencement du trimestre. L'édit du mois d'avril 1679 ne contenant pas à cet égard de disposition précise, au lieu d'exiger des étudiants qu'ils s'inscrivissent avant le 16 du premier mois, comme cela se pratique aujourd'hui, on les autorisait trop souvent à se présenter dans la fin de ce mois, et même dans le cours des deux autres, tant que le visa du lieutenant-général n'était pas intervenu.

Faciles à l'excès sous ce point de vue, nos professeurs au moins savaient maintenir parmi leurs élèves une discipline convenable. Ni dans les monuments écrits de la cité, ni dans ceux de l'Université, nous n'avons surpris, de la part des élèves, la trace d'aucun scandale grave, d'aucun mouvement tumultueux. Nous avons rencontré seulement plusieurs exemplaires d'un décret solennel des deux Facultés de Droit, rédigé en langue latine, rendu le 23 juin 1744, pour interdire aux étudiants, à peine d'expulsion de l'école, l'usage de porter l'épée. Les termes énergiques que l'on trouve dans ce décret attestent combien était enraciné l'abus que l'on voulait détruire, lequel, au dire des professeurs, tendait à transformer en gladiateurs turbulents les paisibles adeptes de la science des lois.

Mais, pour illustrer véritablement une corporation enseignante, ce n'est pas assez d'un nombre considérable d'auditeurs écoutant les leçons qui leur sont données; il faut, avant tout, que ses membres aient laissé après eux des écrits importants, et témoigné par là de leur zèle pour la science. Or, sous ce point de vue si essentiel aux yeux de la postérité toujours oublieuse, les docteurs en Droit de Caen, pendant le XVIIIe. siècle, n'ont fourni, il faut l'avouer, qu'un contingent très-faible.

En parcourant avec soin les rayons de la Bibliothèque de la ville de Caen, nous avons trouvé seulement trois ouvrages scientifiques

publiés par eux, durant cet espace de temps.
Le premier est une explication succincte, mais
exacte, des *Institutes* de Justinien, à l'usage des
jeunes gens qui se préparent aux examens (1).
Les deux autres sont une *Institution au Droit
de la Normandie* et un *Plan détaillé de législation criminelle*, mis au jour, en 1782 et 1789,
par M. Roussel de La Bérardière, professeur
royal de Droit français. Le dernier de ces livres,
qui contient les bases complètes d'un Code d'instruction criminelle et d'un Code pénal, nous a
paru digne de remarque par la clarté des idées
et l'élégance du style. Il possède, en outre, un
mérite toujours rare dans les temps d'agitation
politique, semblables à celui dans lequel il a paru.
On y rencontre un milieu équitable entre les rigueurs exagérées de la pratique ancienne et l'indulgence trop grande devenue de mode alors, à la
suite des publications fameuses de Beccaria et
de Servan. L'ouvrage de M. de La Bérardière
a dû servir aux rédacteurs des lois criminelles
de 1791, conçues dans un ordre d'idées à peu
près analogue.

Un nombre de publications juridiques aussi
restreint, de la part des professeurs d'une école

(1) *Synopsis, seu compendium, Institutionum D. Justiniani*, auctore Houel Duhamel; Caen 1700. La dernière édition de ce livre,
souvent réimprimé, est de 1824.

florissante, s'explique principalement, nous le croyons, par l'époque dans laquelle ils vécurent. Le XVIIIe. siècle, bien qu'illustré par le génie de Pothier, ne fut pas, en France du moins, une ère féconde pour la science des lois. Trop souvent alors, les données traditionnelles et conservatrices, que l'étude du Droit ne peut manquer de fournir, furent délaissées pour les conceptions d'une philosophie aventureuse qui n'aspirait à rien moins qu'à changer la face du monde.

Parmi les jurisconsultes qui enseignèrent en ce temps dans le collége des Droits de Caen, quelques noms sont demeurés, dans les souvenirs de la partie lettrée de notre ville, entourés d'une réputation marquée de science et de talent. Tels sont ceux notamment de MM. Crevel (1) et Le

(1) Jacques Crevel, pourvu en 1719 de la chaire de Droit français, fut élu Recteur de l'Université au mois de mars 1721. Son rectorat qui dura dix-huit mois, suivant l'usage alors existant, fut des plus orageux. La première partie en fut marquée par des luttes ardentes que soutint le Recteur contre plusieurs professeurs des Facultés de Droit et de Théologie, partisans des Jésuites. Adversaire déclaré de la bulle *Unigenitus*, M. Crevel, au contraire, et la majorité des professeurs avec lui, voulaient priver du bénéfice de l'agrégation à l'Université le collége que la Compagnie possédait à Caen depuis le règne de Henri IV. Le Conseil du Roi ayant cassé la délibération que l'Université avait prise à cet égard, Jacques Crevel signala la seconde partie de son rectorat par des mesures extrêmement louables qu'il fit voter par l'Assemblée générale, malgré des oppositions nombreuses, dans le but de doter l'Université d'une bibliothèque et d'un chartrier qui, l'un et l'autre, lui manquaient en ce temps.

Paulmier. L'un et l'autre déployèrent surtout leur érudition dans les luttes du barreau, et négligèrent, pour les travaux journaliers qu'impose la profession d'avocat, la composition d'ouvrages de longue haleine.

Plusieurs des professeurs, leurs contemporains, remplirent des fonctions de judicature à la vicomté et au siége présidial de Caen (1). Ceux-là, du reste, qui s'attachaient exclusivement aux devoirs de l'enseignement, n'en occupaient pas moins, dans la cité, une position élevée qui les plaçait naturellement sur la ligne des magistrats et des officiers de finances. Aussi, comme ces derniers, les professeurs des chaires supérieures de l'Université prétendaient-ils aux priviléges de la noblesse *personnelle* et au titre honorifique de *Conseiller du Roi*, qui accompagnait alors la plupart des fonctions administratives importantes (2).

Grâce à ces circonstances, grâce aussi à la fixation d'honoraires avantageux pour l'époque,

(1) L'édit du 6 août 1682, il est vrai, défendait aux professeurs des Facultés de Droit d'exercer aucune charge de judicature, si ce n'est pourtant celle d'*avocat du Roi*. Mais il était dérogé fréquemment à cette défense, au moyen de *lettres de compatibilité* accordées par le monarque.

(2) Requête présentée, en 1664, à nos Seigneurs les Commissaires députés par le Roi pour la recherche des usurpations du titre de noblesse en la province de Normandie (Bibliothèque de Caen).

les chaires de Droit devenues vacantes dans notre
école étaient presque toujours, au dernier siècle,
disputées par des compétiteurs nombreux ; et
pourtant, la longueur des épreuves en usage dans
les concours de ce temps eût dû, ce semble, faire
reculer beaucoup de prétendants. Chacun de ceux-
ci, en effet, devait donner leçon, tous les jours,
deux mois entiers : le premier mois, sur le Droit
romain et, le second, sur le Droit canonique. Puis
venaient des thèses soutenues trois jours durant ;
enfin, des explications improvisées sur des textes
empruntés fortuitement aux livres classiques de
l'un et de l'autre Droit.

Après ces exercices laborieux qui prenaient
toujours six mois entiers, et souvent davantage (1),
le jugement à intervenir était prononcé avec solennité en présence du Recteur de l'Université,
des principaux fonctionnaires de l'Ordre judiciaire, du Maire enfin et des Échevins de la ville
de Caen. Les juges du concours, parmi lesquels
figuraient exclusivement les professeurs et les
agrégés les plus anciens, opinaient à haute voix et

_____

(1) Nous voyons, dans le registre des délibérations du collége des
Droits, un concours ouvert le 15 novembre 1751, pour le remplacement du sieur Féron, prieur des Facultés, finir seulement le 29
juillet suivant. Deux ans plus tard, en 1754, on termine le 30
juillet un concours pour deux chaires vacantes commencé le 17 novembre précédent.

devaient motiver leur vote. Leur décision toutefois était seulement préparatoire. Ils désignaient trois candidats, par ordre de mérite, parmi lesquels le Roi choisissait ordinairement le premier élu pour l'appeler à la chaire vacante.

Quelquefois le choix du monarque avait lieu directement, le bien des études paraissant exiger que la chaire devenue vacante fût promptement remplie, et l'ouverture d'un concours semblant offrir des difficultés particulières. Au mois de septembre 1716, M. Nicolas-Anne Jolivet fut nommé de cette manière. Des récusations imméritées avaient été exercées contre le prieur de l'école et contre un des professeurs par M. Jacques Lair, docteur agrégé inscrit pour la dispute. De là était né un procès compliqué demeuré pendant, depuis plus d'une année, devant le Parlement de Normandie, juge naturel de ces sortes d'oppositions.

Long-temps après, en 1761, le Roi, sur la proposition du chancelier de France, accordait également, de sa grâce pleine et entière, des provisions de professeur ès-Droits dans l'Université de Caen au sieur Geffray-Desportes. Les opérations du concours cette fois s'étaient accomplies régulièrement ; mais les juges, estimant insuffisants les trois candidats qui s'étaient pré-

sentés, avaient trouvé à propos de n'en élire
aucun (1).

La nomination des agrégés, qui s'opérait également par la voie du concours, n'était pas accom-
pagnée d'épreuves aussi compliquées. Sauf de très-
rares exceptions d'ailleurs, l'autorité royale n'in-
tervenait pas dans le choix de ces fonctionnaires.
Les professeurs, délibérant en commun avec un
nombre égal d'agrégés en exercice, installaient
immédiatement ceux des docteurs qu'ils avaient
choisis. De même que les professeurs, les agrégés,
avant d'entrer en fonctions, devaient prêter un
serment solennel par lequel ils promettaient :
« rendre l'obéissance canonique due au Souve-

(1) Registres des conclusions des Facultés des Droits, années 1716
et 1761. Voici la lettre du chancelier, annonçant aux professeurs de
Caen la seconde de ces nominations :

« Messieurs, j'ai rendu compte au Roi du procès-verbal que vous
m'avez envoyé de la dispute de la chaire vacante par le décès du sieur
Lecoq de Biéville. Il paraît, par ce procès-verbal, que si les contendants, pour la plupart, ont peu réussi dans leurs thèses et dans
l'explication des *fortuites*, il n'en a pas été de même dans leurs leçons,
et que quelques-uns d'entre eux ont donné beaucoup d'espérance par
la manière dont ils s'en sont acquittés. Comme la principale fonction
des professeurs consiste dans les leçons, Sa Majesté ne juge pas à
propos de faire recommencer une dispute dont l'effet est souvent
d'interrompre le cours des études, et elle se détermine à donner
la chaire vacante au sieur Geffrai-Desportes, de qui elle a reçu d'ailleurs des témoignages avantageux.

Je suis, Messieurs, votre affectionné à vous servir.

Signé : LAMOIGNON.

A Versailles, le 16 août 1761. »

« rain Pontife ; garder la fidélité , le respect et
« l'obéissance dus à Sa Majesté ; défendre les
« droits du Roi et les libertés de l'Église galli-
« cane ; rendre l'honneur et l'obéissance à Mon-
« sieur le Recteur, au Prieur et aux Doyens des
« Facultés. »

L'usage s'était maintenu à Caen, au XVIIIe.
siècle, que les professeurs de toutes les corporations universitaires, et notamment ceux des
Facultés de Droit, vinssent chaque année, le 1er.
septembre, à l'Hôtel-de-Ville, présenter aux
Maire, Échevins et Assesseurs le programme de
leur enseignement pour l'année scolaire qui allait
bientôt après commencer son cours. Par suite de
cette formalité venue des anciens temps , en con-
sultant les registres de l'Hôtel-de-Ville sur lesquels
tous ces programmes ont été transcrits, il est
facile de se faire une idée exacte de l'ordre des
leçons des professeurs de cette époque.

Parmi les cinq docteurs-régents qui composaient
les deux Facultés de Droit canonique et civil, le
professeur de Droit français enseignait, à tour
de rôle, une des matières les plus usuelles de
la législation française. Tels étaient les succes-
sions, les retraits, les donations, les contrats,
les fiefs, les douaires enfin. Un second professeur
expliquait les Institutes de Justinien ; un troisième, les Décrétales de Grégoire IX , auxquelles

on ajoutait habituellement les libertés de l'Église gallicane. Les deux autres professeurs commentaient un certain nombre de livres du *Digeste* que l'on divisait, dans ce but, en sept parties distinctes. Tous les cours se faisaient en latin, moins celui de Droit français. Tous les cours également, à l'exception de ce dernier, variaient chaque année quant au choix du professeur chargé de les donner. La veille de la St.-Jean-Baptiste, l'école se réunissait sous la présidence de son prieur, et l'on déterminait, dans cette assemblée, la mission qui serait dévolue à chacun durant l'année prochaine (1). On désignait aussi celui des docteurs qui serait chargé de prononcer un discours latin pour l'ouverture des écoles. Ajoutons que la rentrée des classes de Droit, long-temps fixée au 10 octobre dans l'Université de Caen, avait été retardée d'un mois par l'ordonnance royale du 19 janvier 1700.

La distribution des leçons que nous venons d'énoncer se rencontrait, en général, avec les prescriptions des ordonnances royales. Seulement, par une omission regrettable, on négligeait l'enseignement approfondi qu'elles commandaient par

---

(1) Il paraît que le cours d'Institutes était le plus recherché. Aussi nous voyons, en 1720, les professeurs convenir que doré ravant chacun d'eux le donnera à tour de rôle, d'année en année (Reg. des délib., an. 1720).

rapport au Décret de Gratien, et l'on se contentait d'un cours élémentaire sur les Décrétales. Nous avons constaté, il est vrai, qu'il arrivait parfois que le professeur de Droit français prît un sujet commun au Droit canonique et au Droit civil. C'est ainsi qu'à côté des matières toutes séculières que nous avons indiquées plus haut, nous avons trouvé sur son programme les dîmes, la collation des bénéfices, le privilége des gradués, les droits utiles et honorifiques des patrons.

Chaque professeur, aux termes des réglements alors en vigueur, faisait leçon tous les jours de la semaine, à l'exception du dimanche et du jeudi. Dans la première partie de son cours, il dictait un cahier qu'il avait dû rédiger à l'avance. Dans la seconde, il développait ce cahier, au moyen d'explications orales et de questions adressées aux élèves.

On rencontre encore aujourd'hui un assez grand nombre de thèses soutenues dans notre école, au siècle dernier, pour l'obtention des trois grades de bachelier, licencié et docteur dans l'un et l'autre Droit. Elles sont imprimées en forme de placard et contiennent uniformément des propositions séparées, au nombre de 12 ou de 16 pour le Droit civil, et de 6 ou de 8 pour le Droit canonique. En Droit civil, il s'agit toujours de l'explication d'une loi du Digeste ou du Code ; en Droit canonique, de celle d'un chapitre des Décrétales de Grégoire IX (1). Les argumentations dans les thèses n'étaient plus présentées, comme autrefois, par les condisciples du soutenant. Elles étaient faites par des docteurs stagiaires se destinant au professorat ; à leur défaut, par les docteurs agrégés. Tous les professeurs de l'école étaient tenus d'être présents, afin de donner leurs voix sur la réception du candidat ou son ajournement. Quant aux examens, ils étaient passés devant un professeur président, assisté d'un autre professeur et de deux agrégés.

Jusqu'à l'année 1783, on vit se maintenir, dans l'école de Droit de Caen, la distinction des deux Facultés canonique et civile. Dans les cérémonies publiques, les procès-verbaux officiels en font foi, la Faculté de Droit canonique avait sa place à part, et suivait immédiatement la Faculté de Théologie (2). Chaque année aussi, on élisait un doyen séparé pour l'un et pour l'autre Droit, et l'on distribuait, par voie de roulement, dans les deux Facultés, les divers professeurs et agrégés.

(1) Nous avons transcrit, à la suite de ce travail (Pièces justificatives, nº. 12), une thèse de Droit canonique soutenue en 1765, qui nous a paru digne d'intérêt, comme résumant avec exactitude et concision un point d'histoire ecclésiastique important.

(2) *Actions de grâces rendues par l'Université de Caen pour le rétablissement de la santé du Roy, suivies de réjouissances publiques,* le 25 novembre 1744. In-4º.

Le but pratique de cette distinction était de conférer aux professeurs de Droit un véritable privilége sur leurs collègues des trois autres Facultés, en ce qui concernait la direction de l'Université. En effet, dans les *congrégations* ou assemblées administratives de ce corps, les voix se comptaient toujours par ordre et non par tête. De même encore, pour le choix du Recteur, chaque Faculté distincte nommait un des cinq électeurs appelés *augures*. Ajoutons qu'à l'occasion des services funèbres célébrés tous les ans, dans l'église des Cordeliers, pour d'anciens bienfaiteurs de l'Université, les doyens touchaient des rétributions auxquelles les simples professeurs demeuraient étrangers.

Il importait, on le voit, aux membres du collége des Droits de continuer à former, au moins pour la forme, deux Facultés distinctes. Cependant, la prérogative que leur accordait ainsi une coutume constante finit par exciter des réclamations sérieuses. Un édit du roi, *portant réglement de l'Université de Caen*, rendu au mois de novembre 1783, décida, par son art. 18, que les deux Facultés de Droit canonique et civil seraient dorénavant réunies en une seule, et n'auraient plus qu'une voix délibérative dans toutes les assemblées de l'Université. Les professeurs de Droit présentèrent, il est vrai, des

réclamations contre cette décision peu favorable
à leurs intérêts ; mais elles n'obtinrent pas de
résultat satisfaisant.

CHAPITRE XI.

CONTESTATIONS SURVENUES, AU XVIII°. SIÈCLE, DANS LES
FACULTÉS DE DROIT DE CAEN.

Le calme et la quiétude, dont notre ancienne
école parait avoir joui habituellement au siècle
dernier, furent cependant plusieurs fois troublés
par des dissensions entre les docteurs-régents
et les docteurs-agrégés. Ceux-ci, plus nombreux
que les premiers, mais beaucoup moins bien
rétribués, supportaient impatiemment la suprématie des professeurs, avec lesquels ils se trouvaient dans un contact journalier. De là naquirent
des discordes, à l'occasion desquelles l'autorité
du Parlement et celle du Conseil du roi durent
plusieurs fois intervenir.

Tantôt ces décisions supérieures étaient favorables aux agrégés. tantôt elles leur étaient contraires. Ainsi, en 1719, un arrêt du Parlement
de Normandie vint leur enlever une prérogative
honorifique importante qu'ils avaient possédée
dans les années précédentes. Il fut décidé, par cet
arrêt, que les agrégés ne pourraient dorénavant

participer, en qualité d'*augures*, à l'élection du recteur de l'Université, ni parvenir à plus forte raison à cette dignité suprême. Cette interdiction peu bienveillante était, ce semble, en opposition avec l'art. 2 de la déclaration royale du mois d'août 1682, qui voulait que les agrégés fussent considérés *comme faisant partie du corps des Facultés de Droit.* Pourquoi d'ailleurs exclure du rectorat cette classe de professeurs, dans laquelle figuraient souvent des jurisconsultes de grand mérite, alors qu'une coutume constante permettait d'y appeler de simples régents de grammaire occupant les chaires inférieures de la Faculté des arts?

En 1704, à l'inverse, un arrêt du Conseil du roi, confirmant d'anciens réglements évidemment fort sages, défendit aux professeurs de Caen d'empiéter sur les attributions des agrégés, en donnant aux élèves des répétitions privées. Les répétitions en effet, dans les anciennes écoles de Droit, constituaient la mission principale des agrégés, auxquels on interdisait soigneusement, nous l'avons vu, de faire des cours véritables. Le scrupule à cet égard était poussé si loin qu'on ne permettait pas aux agrégés de réunir chez eux les jeunes gens qu'ils préparaient aux examens. Au risque d'amoindrir en leur personne la dignité du professorat, la déclaration de 1682 et l'arrêt du Conseil de 1704 ordonnaient qu'ils se transportassent, dans ce but, au domicile des étudiants.

Toutefois, jusqu'en l'année 1760, ces discordes intestines n'avaient éclaté que rarement et elles s'étaient maintenues dans des limites convenables; mais elles allaient acquérir alors un éclat inusité. Un agrégé de ce temps devait, pendant dix années entières, faire retentir la ville de Caen et le Parlement de Normandie de ses dissentiments avec les professeurs. Cet agrégé était le sieur Marc-Antoine Le Lorier, homme d'un talent incontestable, mais dont la tête ardente et le génie processif se pliaient mal au rôle un peu effacé que lui assignaient naturellement, dans l'école, les fonctions qu'il était appelé à remplir.

Les querelles de M. Le Lorier avec ses collègues, à part les attributions réciproques des professeurs et des agrégés, se rattachaient en outre à des contestations d'une nature plus relevée. Il s'agissait des opinions de Jansénius et du Père Quesnel sur les opérations de la grâce, et aussi de l'interprétation plus ou moins large qu'il convenait de donner aux maximes gallicanes, concernant l'indépendance de l'autorité royale vis-à-vis les actes de juridiction émanant de la Cour de Rome.

On sait les oppositions nombreuses que rencontra, au commencement du XVIIIe. siècle, la

bulle célèbre de l'année 1713, par laquelle le pape
Clément XI condamnait solennellement cent et
une propositions extraites des ouvrages du Père
Quesnel, et résumant toutes les doctrines jansé-
nistes. La majorité des professeurs de l'Université de Caen partagèrent d'abord les sentiments
contraires à la bulle *Unigenitus*. Par une délibération, du 19 novembre 1718, ils déclarèrent ne
pas l'accepter et former appel au futur Concile
général (1). La Faculté de Théologie presque
tout entière protesta, il est vrai, contre cet
appel ; mais il fut signé par les cinq docteurs-
régents des deux Facultés de Droit. Trois d'entre
eux pourtant avaient eu soin de mentionner,
avant leur signature, qu'ils entendaient limiter
leur opposition aux dérogations que la bulle leur
paraissait contenir aux libertés de l'Église gallicane
et aux lois du royaume : *in quantum Constitutio
pontificia libertatibus Ecclesiæ gallicanæ et regni
juribus contraria esse videtur.*

(1) *Appel que l'Université de Caen a interjeté au premier Concile
général qui sera célébré librement suivant les saints canons de la Constitution de N. S. P. le pape Clément XI, commençant par ces mots :
Unigenitus filius Dei, donnée à Rome, le 8 septembre* 1713. Caen,
par ordre de l'Université, 1718, in-4°. Le registre *des conclusions
générales* atteste que, pour faire imprimer cette protestation, le
Recteur dut s'adresser à des presses étrangères. Le sieur Le Cavelier,
imprimeur ordinaire de l'Université, avait refusé de prêter les siennes,
alléguant des scrupules de conscience.

Une autre particularité contemporaine tend également à prouver que les professeurs du collége des Droits, même en signant l'acte d'appel contre la bulle du Pape, entendaient se garder de toute opposition systématique et violente à l'autorité du Souverain Pontife, en matière dogmatique. Le 4 juillet 1722, une délibération à peu près unanime, prise par les professeurs et par les agrégés, ordonna la suppression d'une thèse de Droit canonique dans laquelle le Pape était qualifié de *procurator universalis Ecclesiæ in fidei causa.* Cette appellation insolite avait paru tendre au schisme et dénier au Pontife romain l'exercice indépendant de sa juridiction propre (1).

Du reste, la protestation de l'Université de Caen ne devait pas être de longue durée. Le 4 juillet 1726, revenant à des sentiments plus catholiques à notre estime, l'Assemblée générale des docteurs de toutes les Facultés rétracta l'appel formé en son nom et adhéra à la bulle purement et simplement. En conséquence de cette décision, et par l'ordre exprès de l'Université, toutes les

(1) Registre des conclusions des Facultés des Droits, année 1722. Nous avons trouvé, sur le même registre, la copie d'une lettre du garde-des-sceaux d'Armenonville qui félicite, en son nom propre, les professeurs de Caen de leur conduite en cette occasion. Il leur annonce en outre qu'ils ont obtenu, en agissant de la sorte, la haute approbation de Mg^r. le Duc d'Orléans, régent du royaume.

délibérations antérieures relatives à l'appel durent être biffées par le Recteur sur le registre des *conclusions générales*.

Toutefois, l'acceptation officielle de la bulle *Unigenitus* ne termina pas les discordes que la promulgation de cet acte de la puissance pontificale avait fait naître dans notre Université, aussi bien que dans le clergé du diocèse de Bayeux. La Faculté de Théologie et celle des Arts furent fréquemment troublées, dans le courant du XVIIIᵉ. siècle, par des questions contentieuses nées de l'opposition de la doctrine des *appelants* avec celle des *acceptants*. Le gouvernement du roi Louis XV se montrait décidément favorable à ces derniers, depuis la majorité du monarque; et plus d'une fois, on vit des lettres de cachet exiler loin de Caen des théologiens du parti opposé. Le Parlement de Normandie, au contraire, semblait incliner vers les appelants, grâce au zèle extrême qu'il professait pour la conservation des maximes gallicanes et pour la limitation du pouvoir des Papes (1).

(1) Arrêt du 29 juillet 1754, qui déclare Mᵉ. Louis Le Caval, professeur royal de Théologie en l'Université de Caen et ancien Recteur, atteint et convaincu d'avoir dicté à ses écoliers des propositions séditieuses contenues dans un cahier intitulé : *Tractatus theologicus de dogmaticis Ecclesiæ judiciis adversus Quesnelistas, seu recentiores hæreticos ;* ordonne que ledit cahier sera brûlé par l'exécuteur de la

Le Corps des professeurs de Droit canonique
et civil avait eu la sagesse de se tenir en dehors
de ces contestations ardentes, lorsqu'en 1762, la
proscription de l'Ordre des Jésuites, par suite
des arrêts des divers Parlements, vint leur communiquer un redoublement d'énergie. Les op-
posants à la bulle, inquiétés si long-temps par
les ordonnances des évêques et les édits du Roi,
se croyaient victorieux à leur tour, en voyant
succomber la Compagnie fameuse qui, depuis le
commencement de la lutte, combattait vaillam-
ment aux premiers rangs de leurs adversaires.
Quant aux partisans de la papauté, ils n'osaient
improuver bien ouvertement les arrêts des Parlements, pour lesquels l'opinion publique se pro-
nonçait avec éclat. Mais ils montraient peu de
sympathie pour ces mesures ; ils cherchaient, en
s'alliant les uns aux autres, à repousser l'influence prépondérante qu'ils craignaient de voir
prendre à leurs antagonistes.

Cette contrariété de convictions religieuses devait amener dans notre Université, en 1767, un
scandale très-grand. Les *augures* chargés d'élire
le Recteur se partagèrent en deux camps rivaux

haute-justice au pied du grand escalier du Palais ; fait inhibition audit
Le Cuval de professer à l'avenir la théologie (In-4°., Bibliothèque de
Caen).

qui prétendaient, chacun à lui seul, représenter
le corps entier. Deux Recteurs, par suite, les
sieurs Lévêque et Le Neveu, furent élus en même
temps. Pour faire cesser ce schisme, il fallut
l'autorité du Parlement de Normandie qui ordonna de procéder à une élection nouvelle en
présence d'un commissaire qu'il envoya à Caen.
Les mémoires relatifs à cette affaire nous font
connaître que les professeurs des deux Facultés
de Droit avaient voté avec les membres de la
Faculté de Théologie, toujours zélée pour la
doctrine orthodoxe. Le Recteur janséniste, au
contraire, avait dû son élection à la Faculté de
Médecine et surtout à celle des Arts, entièrement
acquise alors au parti des appelants.

Mais les opinions théologiques qui dominaient
dans le collége des Droits n'étaient pas partagées
par le sieur Le Lorier. Dès l'année 1763, il dé-
nonçait à l'Assemblée générale de l'Université les
cahiers de deux professeurs de philosophie du
collége du *Mont*, qui avaient appartenu précédemment à l'Ordre des Jésuites. Les doctrines
de ces professeurs, à l'entendre, contiennent un
grand nombre de maximes de morale relâchée;
elles sont contraires à l'indépendance des couronnes qu'elles sacrifient complètement à l'autorité pontificale. Dans la requête présentée par
lui, Le Lorier, du reste, se plaint avec amer-

tume de la Faculté de Théologie qui avait refusé de censurer les propositions alléguées (1).

Le 4 juin 1764, appelé à présider une thèse de bachelier en Droit, ce même agrégé annonça l'intention d'ouvrir la séance en prononçant un discours latin de sa composition. Nous avons retrouvé plusieurs exemplaires imprimés de ce discours ; il était destiné *à féliciter le Parlement de Normandie sur le zèle dont il est pénétré, non-seulement pour les intérêts des rois très-chrétiens, la sûreté de leur vie et les droits de leur couronne, mais encore pour le rétablissement des études.* Le Parlement, par un arrêt récent, venait d'attribuer à l'Université la plupart des biens que les Jésuites avaient possédés précédemment dans la ville de Caen.

Les professeurs de Droit firent échouer le projet du sieur Le Lorier en s'abstenant de venir assister au soutien de la thèse indiquée. Celui-ci, furieux, part immédiatement pour Rouen et s'empresse de déférer la conduite des professeurs à l'Assemblée générale des Chambres du Parlement. Mais ce dernier, bien qu'il fût question en apparence de venger sa propre injure, estima à

(1) *Requête présentée à l'Université de Caen, concernant la morale enseignée au collège du Mont de la ville de Caen par les sieurs Sarrou et Kergadiou, ci-devant jésuites et professeurs de philosophie.* Caen, 1763, in-12 (Bibliothèque de Caen).

juste titre qu'il était de sa dignité de ne rien
précipiter. Il rendit un arrêt par lequel il ordonnait « que la thèse présidée par Le Lorier
« serait incessamment soutenue, mais que le
« discours demeurerait en surséance, vu qu'il
« s'agissait de savoir si les docteurs-agrégés ont
« le droit de faire des explications, dissertations
« ou discours préliminaires lorsqu'ils président,
« sans l'attache et l'agrément des professeurs. »
Des mémoires respectifs devaient être donnés à
ce sujet, pour être ensuite statué par la Cour
ainsi qu'il appartiendrait (1).

Pendant que la controverse demeurait ouverte
sur ce point, le sieur Le Lorier à son tour allait
être l'objet d'une dénonciation qui faillit un instant compromettre la position qu'il occupait dans
notre Université. Le 2 juillet 1765, en effet, le
procureur-général du Parlement de Normandie
présentait à la Cour un réquisitoire tendant à la
suspension de M⁰. Le Lorier, *auquel*, disait-il,
*on ne pouvoit plus long-temps confier l'instruction
de la jeunesse sans un danger évident.*

Le principal des griefs allégués par le Ministère
public, contre ce professeur, consistait dans l'approbation qu'il avait donnée à une thèse soutenue,

(1) *Mémoire présenté au Parlement de Normandie par M⁰. Marc-
Antoine Le Lorier, docteur-agrégé ès-Facultés de Droit civil et canonique de l'Université de Caen.* Rouen, 1764, in-4°.

sous sa présidence, le 4 avril précédent. D'après
le procureur-général, les doctrines enseignées
dans cet acte étaient hérétiques et scandaleuses
au dernier point. Il s'agissait des conditions essentielles du mariage dans lequel Le Lorier,
presque exclusivement, voyait un contrat de Droit
civil, négligeant la dignité de sacrement que
l'Église lui a conférée. Les professeurs de Caen,
au surplus, n'avaient pas attendu la poursuite du
procureur-général pour se prononcer contre cette
thèse. Dès le jour même de son soutien, ils avaient
consigné leur protestation, en ce qui la concernait, sur le registre des délibérations des Facultés de Droit (1).

Le Lorier obtint gain de cause sur cette accusation ; mais ses querelles avec les professeurs
n'en continuèrent pas moins leur cours. En 1766,
appelant au Parlement de différentes *conclusions*
des Facultés de Droit qui lui étaient contraires,
il résumait tous ses griefs dans un long et curieux
mémoire. Ce travail, qui contient des documents
précieux sur l'organisation des anciennes écoles
de Droit, était destiné à prouver l'opportunité
d'un projet de réglement en vingt-huit articles,
que son auteur venait de soumettre au Tribunal

(1) *Précis, ou réponse sommaire au réquisitoire présenté aux
Chambres assemblées par M. le Procureur-général contre M^e. Marc-
Antoine Le Lorier.* Rouen, 1765, in-4°.

suprême de la Normandie. Adopter en entier ses idées était chose nécessaire, à l'entendre, si l'on voulait songer à rétablir la discipline et le bon ordre dans les études de Droit (1).

L'année suivante, nous retrouvons le sieur Le Lorier en instance devant le Parlement de Rouen contre les professeurs, ses adversaires habituels. Il s'agissait, cette fois, de certaines rétributions payées par les élèves à l'occasion des thèses de diverse nature. Des lettres-patentes, délivrées par le Roi et enregistrées en Parlement, avaient adjugé exclusivement ces rétributions au professeur président de la thèse. Le Lorier soutenait avec une vivacité extrême qu'elles devaient au contraire appartenir, comme droit de répétition, à celui des agrégés qui avait préparé l'étudiant. Il déclarait, dans ce but, former opposition à l'arrêt d'enregistrement rendu par la Grand'Chambre le 12 juin 1766 (2).

(1) *Mémoire concernant le rétablissement de la discipline des Facultés de Droit civil et canonique de l'Université de Caen, accompagné de preuves et observations à l'appui.* Rouen, 1766, in-4°.

(2) *Requête d'opposition à l'enregistrement fait en la Grand'Chambre des lettres-patentes surprises au Conseil de Sa Majesté, par les professeurs en Droit civil et canonique de l'Université de Caen.*

CHAPITRE XII.

DISSOLUTION DE L'ÉCOLE DE DROIT DE CAEN EN L'ANNÉE
1791.

Une fois ces contestations terminées avec la
vie du sieur Le Lorier, dont la carrière devait
être de courte durée, notre ancienne école de
Droit retrouva son calme habituel, et rien ne vint
plus troubler son repos jusqu'à sa chute totale.

L'année 1786 fut célèbre, en Normandie, par
le voyage du roi Louis XVI, parti de Versailles
pour venir assister à l'inauguration des travaux
du port de Cherbourg. Les populations normandes, toujours honnêtes et sensées, firent au ver-
tueux Monarque un accueil triomphal. Le Roi,
de son côté, montra partout cette bonté extrême
et cette droiture d'intentions qui faisaient véritablement le fonds de sa nature.

A son passage dans la ville de Caen, il témoigna
à notre Université une bienveillance particulière.
Il voulut que cette corporation savante lui fût
présentée la première conformément aux traditions anciennes, et qu'elle obtînt ainsi la présé-

ance sur tous les Corps administratifs et judiciaires de la cité (1). De retour à Versailles, il
fit promulguer un édit par lequel il apportait
dans sa constitution intérieure, et dans l'étendue
de son enseignement, des améliorations d'une
haute importance. « Nous avons voulu, disait
« Louis XVI dans le préambule de l'édit du
« mois d'août 1786, procurer à la jeunesse l'en-
« seignement le plus complet, donner à *notre*
« *fille*, l'Université de Caen, de nouvelles preu-
« ves de notre bienveillance, et convaincre la
« province importante que nous venons de par-
« courir de la tendre affection que nous lui por-
« tons. »

Ces innovations toutefois ne s'étendaient pas
à la Faculté de Droit. Outre des mesures très-
sages, destinées à rendre plus fermes et plus
stables l'autorité du Recteur et celle du Conseil
administratif de l'Université, elles concernaient
spécialement la Faculté des Arts ayant à cette
époque dans ses attributions les belles-lettres
et les sciences proprement dites. Jusque-là, la
Faculté des Arts n'avait guère possédé parmi

(1) Extrait du registre du cérémonial de la ville de Caen. — « Le
Roi, étant entré dans son appartement, a trouvé sur son passage
dans les antichambres les différents Corps de la ville qui lui ont été
présentés par M. le duc d'Harcourt, savoir : l'*Université*, le Bailliage,
le Bureau des finances, etc. »

nous de chaires de haut enseignement. Ses membres appartenaient, presque sans exception, à l'enseignement moyen ; ils se répartissaient dans les divers colléges relevant de l'Université, destinés à préparer les jeunes gens à la maîtrise ès-arts, le baccalauréat d'alors, par l'étude de la grammaire et des humanités (1).

L'édit de 1786 vint changer cet état de choses. Il créait, dans le sein de la Faculté des Arts, une école privilégiée et libre d'enseignement supérieur qui prenait le nom de *Collége royal de Normandie*. Le Collége royal devait contenir uniquement d'abord les quatre chaires suivantes : mathématiques, physique expérimentale, littérature française et langue grecque ; mais le texte de l'édit annonçait l'intention d'augmenter plus tard le nombre de ces professeurs. Ajoutons que leurs traitements allaient être fournis par le trésor public, faveur très-grande à une époque où les établissements d'instruction étaient appelés en général à se suffire à eux-mêmes.

Présidée en ce temps par un médecin de mérite, qui savait unir à la science du praticien

(1) Déjà pourtant, depuis le commencement du XVIIe siècle, il existait dans l'Université de Caen deux chaires de littérature d'une nature spéciale, la chaire de grec et celle d'éloquence. Les professeurs appelés à les remplir n'étaient pas attachés à un collége particulier. Élus par la voie du concours, ils étaient confirmés par le monarque et portaient le titre de *professeurs royaux*.

éprouvé l'atticisme de l'humaniste éminent, l'Université de Caen témoigna une vive reconnaissance pour les marques de la faveur royale qu'elle venait de recevoir. Nous avons trouvé plusieurs mandements latins, par lesquels M. Chibourg, son Recteur, chargé d'exécuter les délibérations de l'Assemblée générale, convoque tous *les maîtres, disciples et suppôts* de l'Université, à l'effet de rendre à Dieu de solennelles actions de grâces. Il annonce, en même temps, la fondation perpétuelle d'un prix de poésie latine et française, destiné à célébrer à jamais la générosité du Roi Louis XVI.

Mais, hélas ! les événements terribles qui se préparaient allaient communiquer à ces créations utiles un caractère éphémère, et entraîner dans une ruine commune le nouveau collége royal de Normandie et le collége des Droits, son aîné, dont il nous reste à raconter la dispersion, et, bientôt après, la suppression absolue.

Dès le commencement de la Révolution française, une sorte d'instinct populaire, précurseur habituel des catastrophes politiques, avait averti promptement les jeunes gens et les familles que les Universités, filles du moyen-âge, constituées par l'accord de la papauté et du pouvoir royal, devaient s'écrouler dans un avenir prochain. Grâce aux priviléges nombreux dont elles étaient investies, l'existence de ces corporations enseignantes paraissait tout d'abord en opposition complète avec les idées de nivellement et d'égalité absolue qui tendaient à prévaloir. Aussi, dans notre école de Droit, une désertion rapide s'était-elle manifestée parmi les étudiants. Les inscriptions, qui étaient de 239 pour le trimestre de novembre 1788, ne donnent plus que 157 noms pour le trimestre correspondant de l'année 1789. A la rentrée des classes, au mois de novembre 1790, les registres mentionnent seulement l'inscription de 28 élèves.

A ce moment, on le sait, l'Assemblée constituante, animée d'une sorte de colère contre l'ordre ancien tout entier, s'efforçait d'opérer dans l'Église une réforme totale, analogue à celle qu'elle venait d'accomplir dans l'État. De là cette constitution civile du clergé, si tristement célèbre, dont le résultat, pour ainsi dire nécessaire, fut d'enlever à la Révolution une multitude de sympathies qu'elle s'était conciliées d'abord, et de faire naître contre elle des oppositions si violentes, qu'il fallut des torrents de sang pour les comprimer plus tard.

Le pape avait condamné solennellement l'organisation nouvelle donnée sans son concours à l'Église française. Tous les évêques de la France, moins deux, avaient suivi son exemple. Enfin, la

partie la plus considérable et aussi la plus res-
pectée du clergé inférieur avait marché dans la
même voie. On avait vu le plus grand nombre des
curés abandonner leurs charges, plutôt que de
prêter aux lois récentes sur l'ordre ecclésiastique
un serment d'adhésion que leur conscience re-
poussait.

Loin de paraître ébranlée par ces refus multipliés dans la foi qu'elle portait à son œuvre,
l'Assemblée constituante résolut d'étendre encore
la catégorie de ceux qu'elle entendait contraindre
à donner une approbation expresse à la constitution civile du clergé décrétée par elle. Par la loi
du 15 avril 1791, elle décida que *toutes les personnes chargées d'une fonction publique dans le
département de l'Instruction, qui refuseroient de
prêter le serment civique prescrit aux ecclésiastiques, seroient déchues de leurs fonctions et qu'il
seroit pourvu à leur remplacement.*

Bientôt après, l'Université de Caen était sommée
d'accomplir la formalité du serment civique par
le procureur-général syndic du département du
Calvados, exerçant en partie à cette époque l'autorité actuellement dévolue aux préfets. Elle ré-
pondit à cette demande par une délibération lon-
guement motivée, qui fut immédiatement rendue
publique au moyen de l'impression.

Dans cette protestation courageuse, demeurée,

selon nous, pour nos anciennes écoles caennaises,
un titre à l'estime de la postérité, les professeurs
des diverses Facultés offrent d'adhérer par serment à la constitution politique que la France a
reçue. Ils ont soin toutefois de réserver expressément, sous ce point de vue, le droit qu'ils ont
comme citoyens de s'efforcer, par tous les moyens
légaux, de faire prévaloir dans la Constitution,
lors de sa révision prochaine, les améliorations
indispensables pour rendre au pouvoir royal son
lustre éclipsé. « Sans le libre et entier exercice
« des droits inhérents à la couronne, disent-ils
« avec un véritable accent prophétique, il ne peut
« y avoir en France ni constitution stable, ni pro-
« tection pour les lois, ni sûreté pour les pro-
« priétés, ni respect pour les libertés, ni bonheur
« réel pour le peuple. »

Quant à la partie religieuse de la Constitution,
ils refusent nettement le serment qu'on veut leur
imposer. Le caractère à moitié ecclésiastique des
Universités fait, à leur estime, une loi impérieuse
à ces corporations de se prononcer d'une manière
expresse contre des changements entachés de
schisme et d'usurpation. « Un corps créé par les
« deux puissances pour enseigner, défendre et
« maintenir les vraies maximes ne doit point, en
« calculant les dangers, s'envelopper dans un
« honteux silence.... C'est à l'Église de fixer les

« règles qui doivent diriger son gouvernement ;
« c'est à elle surtout qu'il appartient de maintenir
« l'ordre et les droits d'une hiérarchie qui tient
« à l'essence même de la religion.... Si, pour as-
« surer et protéger l'exécution des règles qui
« intéressent l'administration de l'Église, le
« pouvoir temporel doit souvent concourir, jamais
« il ne put ni ne dut s'attribuer le droit exclusif
« d'en organiser le gouvernement ; si, par exem-
« ple, il s'agit de multiplier ou de supprimer des
« évêchés, ces sortes de changements ne peuvent
« se faire, disent les auteurs les moins suspects,
« que par le concours des deux puissances. »

La délibération de l'Université de Caen, dont
nous venons de citer quelques passages, porte la
date du 25 mai 1791. Le 15 juin suivant, le procureur-général syndic faisait signifier, par un
huissier, à tous les signataires de ce document
qu'ils eussent immédiatement à cesser leurs
fonctions. Parmi ces fonctionnaires si honorablement déchus d'une charge acquise au prix de
longs travaux, à côté de 12 professeurs et docteurs en théologie, de 13 professeurs et docteurs-
régents de médecine, de 16 professeurs de la
Faculté des Arts, du Recteur enfin et des autres
administrateurs de l'Université, figuraient 4 professeurs et 2 agrégés de la Faculté de Droit. L'un
de ces agrégés était M. Hippolyte Marc, destiné

11

à devenir plus tard doyen de la nouvelle école de Droit et Recteur de l'Académie de Caen.

Un seul des professeurs de Droit n'avait pas joint sa signature à celle des autres membres du corps universitaire. Mais, quels que fussent les motifs de son abstention, sa conduite n'en fut pas moins remplie de délicatesse et d'honneur. Ne voulant pas conserver des fonctions dont ses collègues étaient privés, il donna immédiatement sa démission, et fut imité dans sa retraite par cinq agrégés, auxquels pourtant il eût été facile de remplacer les professeurs manquants.

Après toutes ces démissions volontaires ou contraintes, le collége des Droits de Caen se trouvait réduit à un seul agrégé, concurrent malheureux dans un concours récent. Dans cette position, il est à peine besoin de dire qu'il ne se faisait plus aucunes leçons de Droit. Les étudiants avaient quitté l'école en même temps que leurs maîtres. Le registre des inscriptions contient trois noms pour le trimestre de juillet 1791 ; il s'en trouve 4 en novembre de la même année ; on en compte 4 en janvier, 3 en avril, 2 enfin en juillet 1792.

Cependant le Directoire du département du Calvados, auquel ce soin était réservé par la loi du 15 avril 1791, voulut réorganiser provisoirement la Faculté de Droit, songeant, à juste titre,

au tort que sa disparition ne pouvait manquer de
causer à la ville de Caen. Cette restauration toutefois n'était pas facile à accomplir. Les docteurs
en Droit, que leurs talents et leurs études signa-
laient à l'attention du pouvoir, refusaient de prêter
leur concours à un remaniement dont chacun
sentait le caractère précaire. Nous avons trouvé
aux archives du Calvados une lettre de M. Tho-
mine-Desmasures, depuis professeur de procédure et doyen de la Faculté nouvelle, par laquelle
il déclare ne pouvoir accepter la nomination pro-
visoire de professeur de Droit qu'un arrêté du 7
décembre 1791 lui avait conférée.

Ce fut seulement à la date du 16 avril 1792
qu'un semblant d'école de Droit fut rétabli, par
le Directoire du Calvados, dans l'Université de
Caen considérée comme existant encore. L'agrégé
de l'ancienne Faculté resté en fonctions prit le
titre de professeur, et un docteur et deux licenciés
lui furent adjoints en qualité d'agrégés. Ces professeurs eurent pour mission spéciale de développer le mécanisme et l'esprit de la nouvelle constitution française politique et religieuse. Il paraît
même que des leçons, suivies par des auditeurs
bénévoles, furent faites sur ce sujet par quelques-
uns d'entre eux. Mais ces leçons ne purent durer
que très-peu de temps. La révolution du 10 août,
en effet, vint bientôt réduire en poussière la

constitution de 1791 qui, dans la pensée de ses auteurs, devait être le programme suprême de la philosophie et de la sagesse modernes appliquées au gouvernement des États.

L'année scolaire 1792-1793 s'ouvrait assurément sous des auspices sinistres, pour ceux-là même qui avaient accepté la mission difficile de remplacer les docteurs en Droit évincés du professorat. Toutes leurs fonctions pendant ce temps paraissent avoir consisté à recevoir, au commencement de chaque trimestre, l'inscription des trois élèves que leur école possédait.

Cette année classique devait être la dernière pour ce qui restait encore debout des anciennes corporations enseignantes. Le 8 août 1793 en effet, la Convention, asservie par la Montagne, rendait le décret suivant, digne, ce semble, dans son énergique concision, d'avoir été tracé par la plume d'un disciple d'Omar : « Toutes les acadé- « mies et sociétés littéraires patentées ou dotées « par la nation sont supprimées. »

C'est bien à tort du reste que des auteurs ont voulu prétendre que les Universités s'étaient éteintes d'elles-mêmes, le décret que nous venons de citer s'appliquant exclusivement aux *sociétés littéraires académiques* (1). Son texte repousse une

(1) Merlin, *Répertoire*, v°. UNIVERSITÉ, § 2 ; — M. Bimbenet, *Histoire de l'Université d'Orléans*, p. 412.

interprétation de ce genre, puisqu'il a soin de distinguer les *académies* des *sociétés littéraires*. Si le mot *Académie* remplace celui d'*Université*, c'est qu'il paraît plus général et moins entaché d'ailleurs d'aristocratie et de féodalité.

Cependant, quel que fût le mépris pour la science pure d'une époque qui affectait de dédaigner l'élégance d'Athènes pour la rudesse de Sparte, la force des choses vint tempérer quelque peu, dans la pratique, ce que le décret du 8 août avait de destructeur et de farouche. L'interruption totale de l'étude des sciences médicales, mathématiques et physiques eût entravé complètement le développement de l'industrie ; elle eût nui infailliblement aux succès de nos armées, dont la gloire seule alors dédommageait la France de ses malheurs de chaque jour. La plupart des villes prirent immédiatement à leur charge ceux des professeurs supprimés dont l'enseignement avait pour objet l'une des branches des connaissances humaines que nous venons d'indiquer. A Caen notamment, dans les années 1794 et 1795 (ans II et III de la République), nous voyons qu'il existait une école municipale de Médecine et de sciences exactes (1).

(1) Comptes de la commune de Caen. Ans II et III de la République française.

Après les événements du 9 thermidor, la Convention comprit la nécessité de réorganiser l'enseignement public donné au nom de l'État, complètement anéanti par le décret du 8 août 1793. De là, les deux lois des 7 ventôse an III et 3 brumaire an IV, établissant dans chaque département une école centrale *pour l'enseignement des sciences, des lettres et des arts.* Les écoles centrales devaient comprendre trois sections distinctes. La première était affectée aux langues anciennes et vivantes, la deuxième aux sciences exactes ; dans la dernière enfin figurait un professeur de *législation,* à côté de trois autres professeurs enseignant la grammaire générale, les belles-lettres et l'histoire.

Le Droit, par suite de cette distribution des cours institués dans les écoles centrales, semblait, au premier abord, retrouver sa part légitime dans l'ensemble de l'instruction publique de la France. Mais, en y regardant de plus près, on s'aperçoit combien ce retour aux études juridiques était imparfait et presque insignifiant. Que pouvait faire un professeur unique, chargé d'enseigner à lui seul les branches si nombreuses de la science des lois ? Ne possédant pas d'auditeurs obligés, privé du droit de conférer des grades académiques, ce professeur se trouvait amené, par les nécessités de sa position, à délaisser l'étude ardue du Droit civil. On devait s'attendre à le voir s'occuper de préférence des théories plus générales et plus retentissantes du Droit politique et du Droit naturel.

Les instructions du gouvernement du Directoire exécutif, qui avait succédé à la Convention, maintenaient d'ailleurs dans cette voie l'enseignement de la *législation* au sein des écoles centrales. Il était prescrit au professeur investi de cette mission de prendre le contrat social de Jean-Jacques Rousseau pour base de ses leçons sur le Droit public. Nulle recommandation de ce genre, au contraire, ne venait lui faire un devoir de s'occuper des écrits des grands jurisconsultes français, tels que Domat et Pothier. C'est qu'en effet, aux yeux des partisans ardents des doctrines révolutionnaires, toujours en possession du pouvoir jusqu'à l'établissement du Consulat, le Droit civil constituait une science aristocratique et suspecte. Son attachement aux traditions anciennes, l'amour de l'ordre et de la régularité qu'il introduit naturellement dans les esprits, le respect extrême qu'il professe pour les droits de la famille et pour ceux de la propriété, tout cela avait attiré sur lui, dans ce temps, une défaveur très-grande. S'il était impossible de s'en passer pour le jugement des affaires contentieuses, on voulait au moins le réduire à peu près entièrement à l'état pratique,

et lui enlever la dignité et la puissance que des
études théoriques approfondies viennent lui communiquer.

Sous l'empire de ces idées, dès les premiers
moments de la Révolution française, les lois des
2 septembre 1790 et 29 janvier 1791 avaient
supprimé l'ordre des avocats, et aboli en même
temps la nécessité des grades académiques pour
représenter devant les tribunaux, à titre de man-
dataire librement choisi, les parties en instance.
L'âge de 25 ans accomplis, et cinq années préa-
lables de cléricature auprès d'un praticien en
exercice, étaient dorénavant les seules conditions
exigées pour figurer parmi les *hommes de loi*
appelés à remplacer les anciens avocats. Chose
étrange assurément, cette Révolution française,
si fastueusement annoncée comme appelée à re-
créer toutes choses sur un modèle idéal d'une
perfection infinie, ramenait l'enseignement du
Droit à son point de départ. On revenait à ce qui
avait eu lieu au moyen-âge avant l'établissement
des Universités, alors qu'une pratique bien souvent aveugle suppléait, dans les tribunaux féodaux, aux lumières encore absentes de la science
véritable.

La position injuste et humiliée que ces mesures
diverses avaient faite aux études de Droit civil, ne
pouvait continuer de se produire sous le gouver-

nement du puissant génie que la France allait
appeler à la régir, d'abord sous le titre de consul,
et bientôt après sous celui d'empereur. La loi du
22 ventôse an XII vint décréter à la fois le rétablissement des écoles de Droit et le retour aux
réglements anciens, exigeant des grades académiques pour l'admission aux fonctions de la magistrature et du barreau. Les bases essentielles de
cette loi, concernant l'ordre des études et les matières de l'enseignement, sont demeurées jusqu'à
ce jour en vigueur dans nos écoles. C'est le propre
des mesures législatives, promulguées sous l'ère
féconde du Consulat et des commencements du
premier Empire, d'avoir survécu aux révolutions
nombreuses qui ont depuis bouleversé notre patrie.
L'esprit si vaste dont elles émanaient avait me-
suré d'un œil assuré les aspirations de la France
moderne; les législateurs qui sont venus après lui
ont dû respecter ses prévisions, subissant en quelque sorte une force mystérieuse dont ils ne pouvaient se défendre.

Un décret rendu par l'Empereur quelques mois
plus tard, en exécution de la loi du 22 ventôse,
le 4 complém. an XII (21 septembre 1804), désigna les villes où les nouvelles écoles de Droit seraient établies, comme autant de foyers de lumière
près desquels les générations naissantes iraient
puiser, avec la science des lois, l'amour de l'ordre

et de la discipline sociale. Parmi les douze écoles qui furent instituées alors, trois des plus importantes, celles de Bruxelles, de Turin et de Coblentz, ont cessé d'exister en 1814, par suite des malheurs de nos armes. Quant aux neuf autres, elles ont toujours, depuis ce temps, siégé avec honneur dans les villes où elles avaient été fixées lors de leur création. Mais leur constitution s'est trouvée modifiée d'une manière notable par les deux décrets impériaux des 17 mars 1808 et 4 juin 1809. Au lieu de former, comme précédemment, des corps scientifiques particuliers relevant du Ministère de la justice, elles sont venues se rattacher à l'ensemble imposant de l'*Université impériale*, comprenant dans un tout unique les Facultés, les lycées et les établissements d'instruction publique de diverse sorte.

L'ouverture de l'école nouvelle, qui allait remplacer parmi nous le collége antique des deux Facultés de Droit canonique et civil de l'Université de Caen, eut lieu solennellement le 14 mai 1806, en présence de M. Pereau, inspecteur général des études de Droit, et de M. le premier président Le Menuet de La Jugannière, nommé doyen d'honneur par le grand juge, ministre de la Justice. Cette cérémonie fut marquée par un discours en langue latine que prononça M. Le Coq de Biéville, ancien Recteur de l'Université de

Caen et ancien professeur ès-Droits, devenu professeur de Droit romain dans l'organisation récemment opérée. Ce discours, dont nous avons retrouvé des exemplaires, nous a paru remarquable par l'ampleur du style et le tour heureux des périodes. On s'aperçoit, en le lisant, de la longue fréquentation qu'avait eue son auteur avec ce noble idiôme des Romains, conservé jusqu'à la fin, comme langage usuel, dars les anciennes Universités françaises. La partie la plus saillante de cette œuvre académique, composée le lendemain d'Austerlitz, est une appréciation à la fois juste et élevée du génie de Napoléon Ier. envisagé comme législateur puissant et comme grand capitaine.

Ainsi inaugurée sous les auspices du grand homme auquel elle doit son existence, notre école moderne a marché d'un pas ferme dans la carrière ouverte devant elle, et beaucoup d'ouvrages importants composés par ses membres, spécialement par le chef éminent qu'elle possède aujourd'hui, lui ont valu un éclat scientifique que n'avait jamais obtenu au même degré l'ancien collége des Droits. Des détails plus nombreux sur une corporation, à laquelle l'auteur de cet essai historique tient par un lien si intime et si précieux pour lui, sortiraient du plan qu'il s'est imposé. Qu'il lui soit permis cependant d'ajouter, en finissant, aux

noms des docteurs ès-Droits d'autrefois, ceux de
ses propres maîtres de la Faculté nouvelle, qu'est
venue atteindre, à leur tour, la mort trop souvent hâtive. MM. Marc, Delisle, Thomine, Fou-
cault, de Boislambert ont laissé dans l'esprit de
leurs disciples un souvenir profond, et transmis
à leurs successeurs des exemples de dévouement
à la science et d'amour pour la jeunesse qu'ils
s'efforceront de suivre.

PIÈCES JUSTIFICATIVES.

N°. I.

ARCHIVES DU DÉPARTEMENT DU CALVADOS. FONDS DE L'ANCIENNE UNIVERSITÉ DE CAEN. Registre des *Rectories*. Rectorat de Jean Lenfant, deuxième Recteur. 1440.

Serment du Recteur.

Sequuntur juramenta Rectoris quæ præstare debet secundum statuta, in sua electione et erectione:

Jurabitis quod fidelis et obediens eritis Domino nostro Regi, facietisque jurare omnes et singulos volentes privilegiis hujus almæ Universitatis gaudere et gradus recipere, antequam litteram testimonialem aut aliud scholaritatis testimonium eisdem concedatis.

Item quod observabitis jura, privilegia et libertates ipsius Universitatis, facietisque ab aliis observari.

Item quod fideliter officium Rectoris exercebitis.

Item quod in Congregationibus Universitatis, concludetis a majore parte quinque Facultatum.

Item quod totis viribus sine fraude conabimini auferre omnes abusus, et quod obviabitis laborabitisque ne abusores et inepti ad scholaritatem et gradus acquirendos, aut propter senectutem vel ignaviam, vel ob defectus alios qui scholastico statui dissentiunt, recipiatis tanquam scholares, ut gaudeant utanturque privilegiis antedictis, imo, si tales sint, repelletis a verorum scholarium consortio, nec talibus abusoribus aut ineptis sigillum rectoriæ aut testimonialem pro scholaritate concedetis.

Item quod nulli litteram testimonialem concedetis per modum ut scholaris reputetur nisi habuerit cedulam a suo doctore vel magistro sigillatam, aut signo suo manu signatam, per quam affirmet scholarem illum qui quærit habere hanc testimonialem verum esse et fuisse continuum scholarem, et absque discontinuatione audivisse sub eo per spatium quatuor mensium ad minus, et quod intendat residere Cadomi sistendo in studio, attendensque diligenter quod talis sit aptus ad gradum in illa Facultate in qua studet acquirendum.

Item quod non recipietis pro sigillo rectoriæ ultra quindecim denarios turonenses, nec pro juramento scholarium ultra duo solida, cum dimidio.

Item quod non retractabitis conclusiones Universitatis., nisi de consensu omnium.

Item quod nulli dabitis litteram testimonialem, nisi primitus vobis apparuerit quod solverit bursam capitalem impositam, nec cedulam recipietis a doctore vel magistro qui non solverit, quousque dicta bursa per Universitatem non fuerit revocata.

Item prædicta juramenta facietis jurare successori vestro.

Serment que doivent prêter les écoliers pour être admis à jouir des priviléges de la scolarité.

Vos jurabitis quod Rectori hujus nobilis Universitatis

reverentiam et honorem exhibebitis, et ejus mandatis, in licitis et honestis officium rectoriæ concernentibus, parebitis cum effectu.

Item quod statuta, jura, libertates et privilegia Universitatis prædictæ observabilis et pro posse defendetis.

Item quod eritis obedientes summo Pontifici et Domino nostro Regi.

N°. II.

MANUSCRITS DE LA BIBLIOTHÈQUE DE LA VILLE DE CAEN. FONDS DE L'ANCIENNE UNIVERSITÉ.

Statuts des deux Facultés de Droit donnés par Henri VI, en 1439.

Sequitur modus qui tenendus erit in Facultate legum civilium pro gradibus acquirendis in eadem :

Et primo igitur scholaris, qui intendit in dicta legum Facultate gradum baccalaureatus adipisci, tenebitur audire cursum legum a legente ordinario in dicta Facultate continue et integre absque discontinuatione per 40 menses; sicque in quinto volumine auditionum sub dicto legente pervenire, habereque tenebitur libros proprios vel accommodatos in quinque volumina legum, et hoc per juramentum affirmabit, quum illa scientia legum sit lectualis, et sine libris minime possit scholaris proficere in eadem. Quibus auditis, et testimonio habito a dicto legente de sua auditione, per Facultatem examinabitur, et si sufficiens repertus fuerit, ad baccalaureatum admittetur. Si ad ulteriora progredi intendit, *pro licentia obtinenda, legere tenebitur cum cappa, sine intermissione omnimodo, exceptis diebus festivis, ante aut post pran-*

dium , secundum tempus assignandum a doctoribus , per
spatium et per tempus 40 mensium , prout est de gradu
baccalaureatus acquirendo pernotatum , annique in prin-
cipio ordinarii , tenebitur principium unum facere cor-
respondens ad librum et volumen , quo ille volet inci-
pere. Et antequam recipiatur ad examen pro licentia
obtinenda , tenebitur respondisse publice sub doctore
bis aut semel adjuvante , facietque quilibet doctor semel
in anno unam receptionem, ac etiam unam disputationem
in publico, in quibus receptor et disputans Baccalarii dictæ
Facultatis tenebuntur arguere ut agnosci possit per am-
plius sufficientia et peritia cujuslibet arguentis. His autem
sic peractis , similiter examinati reperti sufficientes et
idonei , per doctores Facultatis et tres aut quatuor notabiles licentiatos in eadem Facultate , quos usque ad
triennium præfati doctores vocabunt , cancellario præsen-
tabuntur , juxta ordinem sufficientem ; et , secundum
illum ordinem , idem cancellarius licentiam in ipsa Facultate impartietur.

Modus in Facultate decretorum tenendus.

In Facultate decretorum , in quo fere consimiliter
modus est tenendus quemadmodum pro legum Facultate
superius est declaratum , statuitur et ordinatur quod
scholaris in ipsa Facultate decretorum , volens gradum
baccalaureatus adipisci , tenebitur audire ordinarie quinque volumina *Decretalium* , Sextum atque Clementinas,
absque interruptione et discontinuatione per 40 menses.
Et quum , hoc dicto tempore durante , audierit *Decretum*
a doctore aut alio legente ordinario, alia hora tamen
quam leguntur *Decretales* , et a legente inde habuerit
litteras testimoniales , poterit admitti ad examen , quod

fiet per doctores dictæ Facultatis, dando scholari certam decretalem de quo respondebit in dicta Facultate. Qui si repertus fuerit sufficiens, admittetur ad faciendum propositum, in quo publice determinabit unam decretalem cum notabilibus et dubiis; et alia die, contra doctores faciet publice in scholis harangam. *Et consequenter, si tendere velit ad licentiam, tenebitur legere talia quinque volumina Decretalium in quatuor annis sine intermissione.* Approbato examine per Facultatem, baccalarius examen subire poterit, et fiet examen pro licentia in decretorum Facultate, sicut supra dictum est de Facultate legum. Responsiones vero, disputationes et repetitiones, cæterique actus scholastici exercebuntur per ordinem et modum in ipso articulo declaratos.

N°. III.

MANUSCRITS DE LA BIBLIOTHÈQUE DE LA VILLE DE CAEN. FONDS DE L'ANCIENNE UNIVERSITÉ.

Réglement de 1498, pour la réception des licenciés en Droit.

Cum per triennium studuerint scholares, recipientur ad gradum baccalaureatus, si supplicaverint...... Deinde, si voluerint ad licentiam pervenire, oportet studeant adhuc per duos annos et faciant tres lecturas publicas, antequam recipiantur ad repetitionem solemnem quam tenentur facere in scholis publicis. Tenentur supplicare pro hujusmodi repetitione facienda, et datur eis præsidens unus de doctoribus collegii, tenenturque dare codicem suæ repetitionis doctori suo antequam procedant ad hujusmodi repetitionem, ut videat doctor materiam.

Postea tenetur scholasticus apponere et affigere conclusiones suas in valvis scholarum publicarum per octo dies, ante diem repetitionis, advenienteque die facit lecturam cum apparatu. Lectura autem finita, quilibet baccalarius in jure, secundum suam antiquitatem, arguit contra suas conclusiones aut unam earum, prosequendo medium suum quantum voluerit, usquequo percutiantur scamna, et respondens, cum adjutorio præsidentis sui, solvit et resolvit argumenta dando solutionem. Repetitione facta, supplicat pro examine licentiæ, et ei datur punctus per vice-cancellarium, videlicet duo capita, aut leges si fuerit legista, et examinatur per septem doctores.

Nº. IV.

MANUSCRITS DE LA BIBLIOTHÈQUE DE LA VILLE DE CAEN.
FONDS DE L'ANCIENNE UNIVERSITÉ.

Arrêt du Parlement de Rouen, du 16 août 1521, pour la réformation des Facultés de Droit de Caen.

Pontificii et Cæsarei juris provisioni intendens, Curia, imperfectum juris utriusque regentium doctorum numerum antiquare duxit, et deinceps quinque doctoribus tantum, tribus videlicet jus civile, duobus jus canonicum profitentibus, adjecto doctore institutario, sub exspectatione regentiæ, forma subscriptâ, censuit implendum ; decrevitque quod ex tribus in jure civili regentibus provectior semel in singulos dies, hora matutina, accurate et dilucide et cum apparatu, *textus, glossas et commentarios Bartholi* explicando, legere ambiat ; duos vero posteriores in jure civili professores binas in scholis

lectiones quotidie facere teneantur, summa cura soler-
tique studio, textuum elucidationi insistentes. Ad hæc,
dicta Curia, pro juris tironibus, sextum doctorem adji-
ciendum statuit, qui quidem mane, titulos *Dig. de verb.
signif.* et *de reg. jur.*; postea *libros Authenticorum*, et
deinceps *tres postremos libros Codicis* enucleare curabit,
et, pomeridiana hora, *libros Institutionum integros*, a
fronte ad calcem, publice legere obstringetur.

Sanxit præterea ut ex duobus juris canonici professo-
ribus provectior *textum, glossas et Panormitani Apparatum*
diligenter et profunde interpretando laboret, alter vero
doctor pontificii juris binas, in singulos dies, textuales
lectiones exponere jubeatur.

Et, ut celeberrimum hoc studium floreat moribus an-
tiquis inhærendo, statuit Curia ordiendum esse, singulis
annis, studium sexto idus octobris, qui immediatus est
dies a festo sancti Dionysi, et ex die prædicto continue
et indefesse, absque aliis interpellationibus, usque ad
octavum diem idus septembris qui est vigilia Nativitatis
Deiparæ Virginis, dictum studium exercendum. Item statuit Curia ut sex diebus ingressum et exordium lectio-
nibus præstantibus, teneantur sex doctores suas repetitiones, unusquisque scilicet in eo volumine ad quod
legendum fuerit deputatus, solemniter et publice lecti-
tare, publicatis primum et affixis per octo dies repetitionibus præcedentibus; assistent autem repetitionibus
doctores omnes togis et cappis decorati; præcedetque
pulsus campanæ, ut moris est; admittantur vero ad
argumentandum et contra repetentis conclusiones op-
ponendum baccalaureati et licentiati in alterutro jurium
quarumcumque Universitatum.

Et, cum jura non patiantur quemque gradum celsiorem

obtinere , nisi et laboris assiduitas et temporis prolixitas
suffragentur , statuit Curia , bonis studiis et vitæ bre-
vitati consulens, ad baccalaureatus gradum in alterutro
jurium non esse quem evehendum qui per biennium continuum in eo jure quod profiteri desiderat operam non
dederit , et judicio ordinis et collegii approbatus non
fuerit ; nec ad licentiæ apicem , nisi per triennium inte-
grum studuerit , a biennio prædicto computandum ; et
a licentia ad doctoratus apicem nullus promoveatur , nisi
prius , adstantibus in epitogis cæteris doctoribus , facta
repetitione solemni.

N°. V.

ARCHIVES DE LA VILLE DE CAEN. REGISTRES DE LA VILLE ,
vol. 50, fol. 28.

A M. de Lisores , second Président au Parlement, à Rohan.

Monsieur, je ne sçai bonnement à quoi a tenu que
je n'aie, depuis la prinse de nostre ville de Cahors,
changé mon domicile à Cahen , l'aiant bien souvent sou-
haité, mesmement après avoir receu les lettres de M^r. de
Perriquart qu'on me fist tenir au temps que j'estois si
mal accomodé que n'avois aucun moien de partir du lieu
où estois. Que si on me donnoit les moiens convenables,
comme je le désirois lors, il n'est rien que je ne fisse
maintenant, pour le désir qu'ai de revoir mes bons seigneurs et amis qui sont en vos quartiers, entre lesquels
vous, Monsieur, à bon droit tenez le premier rang. Aussi
désiré-je de tout mon cœur que Dieu me fasse la grâce
que ce soit bientost , et que lui plaise continuer sa faveur

et la perpétuer en vostre maison, et à moi de servir de
quelque chose qui puisse contenter ceste volonté qu'avez
en mon endroit, comme espère faire avec l'aide du
Créateur que je supplie humblement,

Monsieur, vous donner très-bonne et heureuse vie,
baisant bien humblement vos mains.

A Tholose, ce 27ᵐᵉ. juin 1584.

Vostre humble et obéissant serviteur et ancien amy,

Franç. ROALDÈS.

Nº. VI.

ARCHIVES DE LA VILLE DE CAEN, REGISTRES DE LA VILLE,
vol. 23., fol. 115.

*Lettre de Mgr. d'O, gouverneur et lieutenant-général pour Sa
Majesté en Basse-Normandie, à Messieurs les Échevins de Caen.*

Messieurs, sachant que Monsieur Cujas est à Paris, je
vous en veulx bien donner advis, affin que si vous avez
moien de le retirer, me le mandant, je le lui fasse proposer. Je ne vous diray rien de sa suffisance et bonne
doctrine, estant assez cogneu de tous. Et pour ce que je
crains qu'il soit très-recherché d'ailleurs, et qu'il présume
avoir *prix*, il sera à propos que lui faisant ouverture de
s'aller tenir à Caen, on luy dye avec quel traictement
et conditions; sur quoy vous m'écrirez vostre volonté,
dont et selon l'affection que vous y aurez dépend le
tout. Ne voulant en cella ni toute autre chose qui ac-
croistra le bien public que vous tesmoigner combien j'ai
de plaisir à faire chose qui tourne au contentement et
honneur d'icelui.

Je suis en attendant en bref de vos nouvelles; je finirai, priant Dieu, Messieurs, vous donner sa saincte grâce.

A O, le 23ᵐᵉ. d'aoust 1582.

Vostre plus fidelle et affectionné amy,

Signé : François D'O.

Ibidem, folio 114.

Du samedi 26ᵐᵉ. jour d'aoust 1582, au bureau de la Maison commune de la ville de Caen, présents Messieurs Vauquelin, Blondel, etc.

Ont été lues certaines lettres missives envoyées de la part de Monseigneur d'O, gouverneur et lieutenant-général pour Sa Majesté en la Basse-Normandie, par lesquelles il donne advis que Monsieur Cujas est à Paris, affin que si on a volonté de l'appeler en ceste ville de Caen, on le mande audict sieur d'O, affin qu'il envoie vers luy et qu'on luy fasse entendre à quelles conditions on le vouldroit avoir, affin que le dict sieur d'O les fasse proposer au dict Cujas, au quel faict, comme en tous autres concernant le bien et utilité de la dicte ville, le dict Seigneur désire s'employer. Et sur ce ont été prins les advis des assistants par mon dict sieur Vauquelin lieutenant général, ainsi qu'il ensuyt :

Monsieur Blondel lieutenant : sera escript à mondict seigneur d'O, pour faire accord avec le dict Cujas, ainsi qu'il advisera, pour faire tant qu'il vienne en ceste dicte ville, et sera asseuré de 500 escus de *gaiges*.

. . . .

Conclud suivant l'advis du dict sieur Blondel.

(Tous les assistants, au nombre de quinze, avaient opiné dans le sens de M. Blondel, moins M. Beullart, conseiller, qui voulait que l'on offrît à Cujas jusqu'à deux mille livres de *gages*).

Suit dans le même registre, fol. 116, une lettre de M. Beullart à Monseigneur d'O, à la date du 28 août 1582, pour lui transmettre la délibération du Corps municipal que nous venons de transcrire.

N°. VII.

ARCHIVES DE LA VILLE DE CAEN. REGISTRES DE LA VILLE, vol. 50, folio 26.

Lettre de Monseigneur d'O à Messieurs de la ville de Caen.

Messieurs, pour ne perdre aulcune occasion d'ayder au bien de vostre ville et à l'establissement de vostre Université que vous sçavez que j'ay toujours affectionnée comme vous-mesmes, ayant sceu que pour la lecture du Droit vous avez appelé le fils de M^r. Hotman et lui avez donné la première place, et qu'il vous reste encore à pourvoir à la seconde, j'en ay faict parler à Monsr. Vialart homme de bien et d'honneur, fort docte et capable d'une telle charge, et l'ay disposé à vous y faire service, dont j'ay pensé de vous advertir et vous prie de le préférer à tous autres, non seullement pour ce qu'il vous est recommandé, mais encore estant tel au jugement de ceux qui se cognoissent en sa profession qu'il apportera beaucoup de fruit en vostre Université. Je vous prie aussi lui donner tel appointement qu'il vous puisse commodément et honorablement servir. Et pour ce qu'au reste il se recommande assez de soy mesme , et que je m'asseure que vous en ferez pareil jugement, je ne vous en diray aultre chose et finiray priant Dieu,

Messieurs, accroistre aultant vostre bien public que je le désire. Ce premier jour de juing 1584.

Vostre plus fidelle et affectionné amy ,

D'O.

Suit, au folio 33 du même registre , une lettre adressée aux Échevins de Caen , le 22 septembre 1584 , par le sieur Vauquelin , lieutenant-général du bailliage et maire perpétuel, alors absent de la ville , par laquelle il les avertit que : « Monsieur Hotman a prins la peine de venir « jusques icy, tant pour conférer de ses affaires, que « aussy pour me prier de le faire payer de ce qui luy « peult être deu. »

N°. VIII.

ARCHIVES DU DÉPARTEMENT DU CALVADOS. FONDS DE L'AN-CIENNE UNIVERSITÉ DE CAEN. Premier registre des réceptions de licenciés.

Le 18me. jour de novembre 1599 , Mtre. Guillaume Jué de la paroisse du Thil, diocèse de Rouen, a reçu le degré de licencié en Droit civil à luy conféré par les dessus dicts docteurs (les sieurs Le Paon, Janus et Le Boucher), selon Sénèque, sur la loy dixième, *Justitia*, Dig. *de justitia et jure*. En l'absence néantmoins du dict sieur Fournier qui en a esté adverti par Nicolas Bosquain de soy trouver, qui n'y a voulu comparaître; la quelle licence a esté conférée en la maison des Cordeliers , présence de M^{rs}. Guillaume Crespin , Jean Nicolas, Jacques Colin prestres , et Noel le Jeune, Nicolas du Nort et Jacques Le Gendre escuyers ; et la lettre du degré de licence a esté baillée au dict Jué non scelée ; pour tenir lieu duquel sceau , les dessus dicts docteurs et le dict Berdazan ont baillé une promesse au dict Jué , de laquelle teneur s'ensuit.

Nous soubsignés , prieur et docteurs des Facultés des Droits en l'Université de Caen, recognoissons que cejourd'huy 18me. jour de novembre , avons conféré les lettres de licence en Droict civil à honeste homme M^{tre}. Guillaume Jué de la paroisse du Thil , diocèse de Rouen, et avons soubsignez les dictes lettres de nos seings manuels , réservant à y apposer le sceau après que l'appel interjecté à la Cour de Parlement par M^{tre}. Claude Fournier , docteur aux dicts Droits , sera vidé et que le dict Fournier aura rendu une des clefs de l'arche où le dict sceau est enfermé.

N°. IX.

ARCHIVES DE LA VILLE DE CAEN. REGISTRES DE LA VILLE.
vol. 50 , fol. 166 et 280.

Programmes des cours de Droit , durant les années 1605 et 1607.

Professores utriusque juris in Academia Cadomensi, hoc anno 1605, a die 11 mensis octobris, prælecturi.

Jacobus Janus , prior collegii jurium , inceptum superiore anno librum 3um. Cod. a tit. 24 ad finem usque libri persequetur , eoque absoluto , titulum Dig. de acquir. vel amitt. possess. subjunget explicandum, hora 10^a.

Joannes Guernonius, decanus juris canonici, in gratiam tironum militiæ legalis, interpretabitur juris civilis institutiones; quibus expositis, ad libros feudorum properabit evolvendos, hora 2ª.

Petrus Rutanus, decanus juris civilis, librum 4um. Decretalium explicabit; deinde ad librum 20um. Pandectarum, de pign. et hypot., progredietur interpretandum, hora 9ª.

Micael Bucherius, utriusque juris antecessor, inceptum anno superiore librum 4um. Cod., a titulo de probationibus, perget explicare, hora 1ª.

Ambrosius Legalferus, antecessor utriusque juris, Constitutiones Imperatoris Constantini, quanta fieri poterit diligentia et methodo, seliget exponendas, hora 8ª.

Habebuntur solitæ scholarum inaugurationes, sive principia lectionum, cum apparatu solemni, in scholis juris utriusque.

Professores utriusque juris in Academia cadomensi, hoc anno 1607, a die 11 mensis octobris, prælecturi.

Jacobus Janus, prior collegii jurium, inceptum a se commentarium ad institutiones juris civilis, cum observationibus ad usum forensem accommodatis, persequetur, hora 2ª., eoque opere absoluto, quatuor institutionum canonicarum libros adjunget explicandos, hora 9ª.

Petrus Rutanus, decanus juris canonici, tres libros priores Codicis, per Paratitlia, explicabit, hora 9ª.

Joannes Guernonius, juris civilis decanus, Pandectarum libri 50i. titulum 16, de verbor. signific., interpretabitur, hora 7ª.

Micael Bucherius, utriusque juris antecessor, titulos Decretalium, de appellat. et de jure patron., per sin-

gula capita, exponet; tum differentias inter jus ponti-
cium et civile pertractabit, hora 1ª.

Ambrosius Legalferus, utriusque juris antecessor,
5ᵒˢ. Decretalium antiquarum libros, summatim et bre-
vibus Paratitliis, percurret, hora 3ª.

Habebuntur solitæ scholarum inaugurationes, seu principia lectionum, cum apparatu solemni, in scholis juris
utriusque.

Nᵒ. X.

ARCHIVES DE LA VILLE DE CAEN. REGISTRES DE LA VILLE,
vol. 60.

Arrêt rendu par le Parlement de Normandie. le 4 septembre 1658.

La Cour, avant que faire droit, ordonna que, par
devant des commissaires députés, et en la présence du
procureur-général du Roi, disputes seroient faites entre
lesdits Le Gras, Le Courtois, et tous autres qui vou-
droient aspirer à la chaire en conteste; et seroient les
docteurs et professeurs de l'Université de Caen exhortés
de s'y trouver, et rapporté à la Cour être pourveu aux
prétendants, en exécution du dit arrêt.

Ayant été procédé par plusieurs et diverses séances
tenues dans la salle de la maison des Carmes, devant
les Président et Conseillers de la dite Cour commissaires
à cet effet, députés pour entendre les dits Le Courtois,
Le Gras et Michel Gonfrey qui seuls se sont présentés
pour disputer; et que chacun d'iceux, durant trois jours
consécutifs, a fait et soutenu publiquement des thèses
de Droit civil et canonique sur des sujets a eux donnés

par le sieur de Ris, premier Président, et que ensuite ils ont fait chacun, durant trois autres jours, des leçons publiques en matières données par le dit Premier président, et finalement qu'ils ont été ouïs par deux jours sur les fortuites du Digeste, Code et Décrétales; et après que les dits commissaires ont pris avis verbalement des sieurs Blanchecape et Halley qui ont été présents à tous les actes qui se sont faits par les dits prétendants, et vu aussi leur avis par écrit présenté à la Cour; ouï le rapport des dits Président et Conseillers qui ont assisté au dit acte, en présence du Procureur général du Roy sur ce ouï en ses conclusions; la Cour a adjugé la dite chaire au dit Gonfrey, comme le plus capable et suffisant, pour, par lui, en jouir, ainsi que les autres régents des dites Facultés, et, en conséquence, envoie les dits Le Gras et Le Courtois, sur leur appellation, hors de Cour et de procès. Fait à Rouen, en Parlement, le 4 septembre 1658.

N°. XI.

ARCHIVES· DU DÉPARTEMENT DU CALVADOS. Registres d'inscriptions des Facultés de Droit de l'ancienne Université.

Ego Carolus Theroulde, ex parochia Sancti Martini supra Rennellam urbis Rhotomagensis, cœpi juris studio operam dare, in scholis Academiæ Cadomensis, die decima octobris anno millesimo sexcentesimo septuagesimo nono.

Signé : THEROULDE.

Pro trimestri julii anni millesimi septingentesimi nonagesimi tertii, in Facultate utriusque juris celeberrimæ

Cadomensis Academiæ, nomina sua dederunt infra scripti,
juxta consuetudinem et notificationem decisionis Direc-
torii Calvadosensis.

. . . . . . Ego Micael Bénard, natus et manens in
urbe Cadomensi, parochia Sancti Salvatoris, pergo stu-
dere juri et excipio lectiones professorum. die et anno
supradictis.

Signé : BÉNARD.

N°. XII.

AD CAP. 1um. EXTRA. DE RELIGIOSIS DOMIBUS, UT EPISCOPO
SINT SUBJECTÆ.

I.

Religiosæ domus appellantur non tantum monasteria,
sed et alia quælibet pia loca pauperibus, ægrotis vel hos-
pitibus recipiendis et alendis destinata, ut nosocomia,
xenodochia.

II.

Hæ omnes diocœsano episcopo, jure communi, subji-
ciuntur. Sibi enim attendere debent episcopi, et uni-
verso gregi in quo eos Spiritus Sanctus posuit regere
Ecclesiam Dei.

III.

Sed paulatim a jure communi recessum est : 1°. quidem
liberam Facultatum administrationem, abbatis electio-
nem, et immunitatem a censibus, ipsimet episcopi, salva
jurisdictione, concesserunt.

IV.

Primus, ab Episcopi jurisdictione concessam immunitatem, probante concilio provinciali, et accedente principis auctoritate, causa cognita, confirmavit Adeodatus summus pontifex.

V.

Postea, usu obtinuit ut, propter excessus episcoporum, et tandem ut sola Pontificum liberalitate, gratiosoque beneficio, conniventibus regibus, immunitates illæ concederentur.

VI.

Hoc semper ægre tulerunt episcopi : imo conqueritur sanctus Bernardus quod *sic factitando*, summi Pontifices probent *se habere plenitudinem potestatis, sed justitiæ forte non ita.*

VII.

Redundantes nimium exemptiones quæ statum Ecclesiæ deformant, imminuere tentaverunt concilia Lateran. et Vienn., non quidem eas rescindendo, sed pro temporum et rerum conditione temperando.

VIII.

Ut ut sit, religiosa domus episcopo subjicitur, nisi probetur exempta Quod si dubitetur in cujus territorio sita sit ecclesia de novo ædificata, ad consecrationem admittitur, qui illius loci incolas baptizaverit.

De his, Deo favente, respondebit Augustinus Marescot

Dumaz, cadomæus, baccalaureus, in schola juris canonici, die sabbathi, 16ᵃ. februarii, an. Dom. 1765, hora 7ᵃ. matutina.

Arbiter erit et præses, Dom. P. G. T. Foubert de Pallieres, antecessor primicerius et prior collegii.

CAEN, TYP. DE A. HARDEL.

TABLE.

Caen, typ. de A. Hardel.

www.ingramcontent.com/pod-product-compliance
Lightning Source LLC
Chambersburg PA
CBHW072003090426
42740CB00011B/2061